DIE LIEBESZAUBER-KARTEN

Der Segen von Sonnenschein und Kerzenlicht
sei mit Dir

Der Segen sanften und starken Regens
sei mit Dir

Der Segen eines warmen Feuers
sei mit Dir und mit jedem Gast

Der Segen von Erde und Sternenlicht
sei mit Dir

Schenke jedem einen freundlichen Gruß,
der Dir begegnet auf dem Weg

Und der große Schöpfer schenke Dir seinen Segen
und sei mit Dir allezeit

(Von Jim Cotter,
nach einem alten irischen Segensspruch)
Prayer at Day's Break,
Cairn's Publishing mit Arthur James 1998

DIE LIEBESZAUBER-KARTEN

MIT EINEM HANDBUCH FÜR ZAUBERSPRÜCHE UND RITUALE

Susan Bowes

WILHELM HEYNE VERLAG
MÜNCHEN

Gewidmet dem Geist des Großen Weißen Büffels
und all denen, die die Geheimnisse der Liebe suchen.

Wenn das Herz weint um das, was es verlor,
freut sich der Geist über das, was er fand.

Sufi-Weisheit

Die englische Originalausgabe erschien zuerst 1998 unter dem Titel
Love Spells & Rituals
im Verlag Godsfield Press, Laurel House, Station Approach, New Alresford,
Hampshire, SO24 9JH

Aus dem Englischen von Renate Schilling

Umwelthinweis:
Dieses Buch wurde auf
chlor- und säurefreiem Papier gedruckt.

ISBN 3-453-17351-1

Der Verlag dankt The Bridgeman Art Library und Fine Art Photographic Library
für die Verwendung von Illustrationen.

TEIL EINS

EINFÜHRUNG

Du kennst Deine eigene Vollkommenheit nicht,
bevor Du nicht alle geehrt hast, die gleich Dir erschaffen wurden.

Ein Kurs in Wundern

Es gibt kein größeres Geschenk auf Erden als die Liebe, die Liebe zu sich selbst wie auch zu anderen – denn wenn wir uns selbst nicht lieben, haben wir auch kein Vertrauen in die Liebe anderer Menschen. Doch dieses kleine Wort – »Liebe« – trägt das Gewicht der ganzen Welt auf seinen Schultern.

Die Angst vor der Liebe

Nur allzuoft verursacht schon der bloße Gedanke daran, einem anderen Menschen sehr nahe zu sein, Unbehagen. Dabei ist doch die Vereinigung zweier Menschen nicht nur der wunderbarste Ausdruck der göttlichen Dualität, sondern auch die natürlichste Sache der Welt!

Liebe ist überall

Die Liebe ist wahrhaft überall – in Liedern und Gedichten, in den Bewegungen unseres Körpers und in der Zärtlichkeit eines sanften Streichelns, im strahlenden Blau des Himmels, im süßen Duft der Blumen, in den rauschenden Blättern der Sträucher und Bäume, in der lebendigen Kraft der Flüsse und Meere und in der leidenschaftlichen Flamme des Feuers. Mutter Erde und die Natur schenken uns zahlreiche Gelegenheiten, Herz und Seele zu heilen – wir müssen sie nur wahrnehmen.

Die Kraft ist in deinem Herzen

Dieses Buch wurde geschrieben, um dir zu zeigen, daß du selbst die Kraft der göttlichen Liebe in deinem Herzen trägst. Es gibt viele Pfade, auf denen wir unser Herz zurückgewinnen können, und Liebe ist nicht das ausschließliche Privileg der Jugend. Sie ist für uns alle da, und tatsächlich sind wir oft erst dann zu einer wahrhaft liebevollen Beziehung fähig, nachdem wir eine gewisse emotionale Reife erlangt haben – und das kann sehr wohl erst in unseren mittleren Jahren oder später der Fall sein.

Wenn wir die Welt der elementaren Naturkräfte um uns herum zu Hilfe rufen und unsere Vorfahren als Führer akzeptieren, wird uns bewußt, daß wir in Wahrheit niemals allein waren. Sie alle waren immer für uns da, wenn auch nur als schweigende Beobachter und stille Wächter, und sie warten geduldig darauf, daß wir sie erkennen und zu ihnen sprechen. Mit ihrer Hilfe können wir Magie in unser Leben bringen – die Magie außergewöhnlicher Erlebnisse und unglaublicher Zufälle. Wir alle besitzen die Fähigkeit, mit den mystischen Reichen zu kommunizieren, und auf diese Weise läßt sich unser Leben verzaubern.

Die Macht der Rituale

Rituale sind ein wichtiger Teil des Heilungsprozesses, denn sie ermöglichen innere Reflexion und geben Gelegenheit, alles Negative und Belastende loszulassen. Während dieser ruhigen Momente kann die Seele ihren Schleier öffnen und uns tiefe Erkenntnisse und Einsichten schenken. Und wir können all die ungeweinten Tränen fließen lassen, durch die unser Körper seit Jahren in seinem Schmerz erstarrt war. Damit befreien wir unsere Seele, so daß sie endlich zu ihrem wahren schöpferischen Ausdruck finden kann.

Seit der Vertreibung aus dem Paradies suchen wir nach dem Geschenk der Liebe.

Und Gott schuf den Menschen nach seinem eigenen Bilde,
nach dem Bilde Gottes schuf er ihn,
als Mann und Frau erschuf er sie,
und er segnete sie.

Genesis 1,27

Im Buch Exodus heißt es, daß wir das Antlitz Gottes nicht sehen können, ohne zu sterben. Daher können wir die göttliche Präsenz nur über uns selbst und unsere Interaktion mit anderen fühlen: Wir brauchen Beziehungen, seien sie nun gut oder schlecht. Um die Vielschichtigkeit menschlicher Beziehungen zu erklären, hat im Grunde jede alte Kultur der Welt große Mythen geschaffen, in denen Liebe gewonnen, verloren und wiedergewonnen wurde. So wurden die verschiedenen Götter und Göttinnen geboren, die heute Teil unserer kulturellen Tradition sind. Jeder Gott und jede Göttin wies gewisse menschliche Schwächen auf, die in jenen epischen Geschichten von großen Abenteuern und wundersamen Taten in besonderem Maße zum Ausdruck kamen.

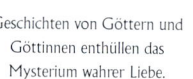

Geschichten von Göttern und Göttinnen enthüllen das Mysterium wahrer Liebe.

Aphrodite, die Göttin der Liebe

Aphrodite, die Tochter des Uranus, war die Gattin des Schmiedes Hephaistos, der in der römischen Mythologie Vulcanus genannt wurde. Er war zwar häßlich, aber geschickt im Umgang mit Metallen und von sanfter Natur. Aphrodites Schönheit dagegen schlug alle, die sie sahen, in ihren Bann. Sie war in der Tat die Ursache für den Trojanischen Krieg.

Eros, der Gott der Liebe

Aphrodites Sohn Eros – Amor oder Cupido in der römischen Mythologie – wurde als Gott der Liebe bekannt. Er war ein geflügelter Gott, der den Menschen Ungemach und Herzenskummer brachte. Entweder entzündete er ihre Leidenschaft mit seiner Fackel oder verwundete ihre Herzen mit seinen Pfeilen.

Hat je geliebt, wer nicht beim ersten Blick verliebt?

(Christopher Marlowe)

Psyche, die Göttin der menschlichen Seele, war so schön, daß Aphrodite eifersüchtig wurde. Sie beauftragte ihren Sohn Eros, Psyche zu bestrafen. Ein Orakelspruch bestimmte, daß sie an einem Felsen angebunden auf ein schreckliches Ungeheuer warten müsse. Doch als Eros zu ihr kam, um sie ihrem Schicksal zu überantworten, war er so überwältigt von ihrer Schönheit, daß er stolperte und sich an einem seiner Pfeile ritzte. Darauf entbrannte er in Liebe zu ihr, und Psyche entging ihrem Schicksal.

In derselben Nacht noch kam Eros unerkannt zu Psyche und teilte ihr mit, daß er ihr Gatte sein würde, unter der Bedingung, daß sie niemals sein Gesicht betrachten dürfe. Er würde sie jeden Morgen verlassen und abends wiederkommen. Sie willigte ein. Doch ihre Schwestern säten Mißtrauen in ihr, indem sie ihr einredeten, daß er ein häßliches Ungeheuer sein müsse, wenn er sein Gesicht nicht zeigen wolle.

Eines Nachts gab Psyche ihren wachsenden Zweifeln nach und zündete eine Lampe an. Darauf erblickte sie neben sich den schönsten Jüngling, den sie je gesehen hatte. Aus Versehen ließ sie einen Tropfen Öl aus der Lampe auf seinen Rücken fallen, so daß er aufwachte. Eros klagte sie des Verrats an und verschwand. Psyche durchwanderte daraufhin die Welt auf der Suche nach ihrem verlorenen Geliebten. Aphrodite nahm sie schließlich gefangen und unterwarf sie strengen Prüfungen, die sie mutig auf sich nahm. Zuletzt mußte sie sich in die Unterwelt begeben, um dort das Wasser der ewigen Jugend zu suchen. Persephone, die Göttin der Unterwelt, verbot ihr, die Flasche zu öffnen. Als sie es dennoch tat, fiel sie sofort in einen tiefen Schlaf. Eros fand sie und war von ihrer Treue so berührt, daß er Zeus anflehte, sich wieder mit ihr verbinden zu dürfen. Das glückliche Paar heiratete schließlich auf dem Olymp und versöhnte sich mit Aphrodite.

Die Illusion der Liebe überwinden

Diese Geschichte zeigt, daß die Illusion der Liebe überwunden werden muß, bevor wahre Liebe entstehen kann. Häufig tauchen Zweifel, Ängste und Argwohn auf. An diesem Punkt wird einer der beiden Partner die Beziehung in Frage stellen und möglicherweise sogar verraten. Wahre Liebe kann jedoch niemals zerstört werden. Durch Vergebung und Mitgefühl wird sich ein Weg eröffnen. Dann erst können sich die Partner wahrhaft verbinden – zwei Seelen in vollkommener Einheit, die einander in all ihren Facetten kennen.

Wenn deine Beziehung zerbricht und du Klärung suchst, zünde eine blaue Kerze an, um den Weg zu ehren, den ihr beide geht, und für den Trennungsschmerz, den ihr beide fühlt. Blau ist die Farbe der Heilung, und genau das ist es, was ihr braucht, während ihr eure Beziehung und eure damit verbundenen Wünsche überprüft. Es bedeutet auch Opfer, denn die idealisierte Liebe muß sterben, um Platz zu machen für die wahre Liebe, die auch die Schattenseiten des anderen akzeptiert. Manchmal bringt die Angst vor Intimität innere Barrieren zum Vorschein, die eine Weiterentwicklung der Beziehung verhindern. Erkenne deine Ängste an, indem du sie aufschreibst, und füge eine Zeitlang alle neuen Gedanken und Aspekte zu deiner Liste hinzu, bis du dir klar darüber bist, wie du in angstbesetzten Situationen reagierst.

Außerdem ist es wichtig, den Partner völlig seiner höheren Bestimmung zu überantworten, um zu verhindern, daß du Verantwortung an ihn abgibst oder Bedürfnisse auf ihn projizierst. Rufe sie oder ihn vor dein inneres Auge, verabschiede dich und übergib den anderen dann der Führung seines Schutzengels, im Bewußtsein, daß er oder sie jederzeit von der göttlichen Kraft beschützt und geleitet wird.

Dadurch wirst du frei für dein eigenes höchstes Potential. Aus dieser Position heraus kannst du nun eine klare Entscheidung über dein eigenes Schicksal treffen. Rufe deinen Schutzengel und empfange seine liebevolle Unterstützung. Sei dir bewußt, daß eure Liebe stärker und größer zu euch zurückkehren wird, wenn sie wirklich eurem Besten dient.

Wenn du dieses Ritual der Loslösung durchführst, sprich folgende Anrufung:

Liebste(r), ich lasse dich gehen. Sei frei.
Denn wenn es zu unserem Schicksal gehört,
wirst du zu mir zurückkehren.
So sei es.

Ein Ritual zur Öffnung deines Herzens macht dich frei
für dein eigenes höchstes Potential.

Wenn du deinen wahren Partner gefunden hast, bist du wahrhaft gesegnet.
Denn nichts im Leben ist wichtiger oder befriedigender;
und das Potential für spirituelles Wachstum ist tausendfach verstärkt.

Hamish Miller, Autor von The Sun and the Serpent

Das Rätsel um die Zwillingsseelen liegt tief in unser aller Herz. Wir sehnen uns danach, jene andere Hälfte zu finden, die uns zur Ganzheit verhilft, und wir sind gesegnet, wenn wir sie finden. Um das Rätsel der Zwillingsseelen zu verstehen, müssen wir alles im Universum als einen Ausdruck göttlicher Dualität betrachten und erkennen, daß wir zu einem höheren Zweck hier auf dieser Welt sind. Dieser Zweck besteht darin, einen erleuchteten Zustand der Liebe zu erreichen, so daß die Essenz des Schöpfergottes sich in menschlicher Form ausdrücken kann.

Gemäß der esoterischen Philosophie entstand erst einmal ein Gruppenbewußtsein, als wir aus der göttlichen Quelle hervorgingen. Aus dieser Gruppenseele lösten sich dann individuelle Seelen, die die göttlichen Qualitäten von Yin und Yang, dem männlichen und weiblichen Prinzip, enthalten. Diese beiden Prinzipien sind in den Zwillingsseelen verkörpert.

Zwillingsseelen können viele Leben getrennt verbringen, bevor sich ihre Wege wieder treffen.

Zwillingsseelen und Familienkarma

Sobald die Entscheidung zur Inkarnation getroffen wurde, lösen sich die Zwillingsseelen voneinander und werden zu getrennten Wesen. Sie begeben sich auf die irdische Ebene, um ihre Aufgaben in Angriff zu nehmen. Unabhängig davon, was die konkrete Aufgabe auf dieser physischen Ebene ist, geht es im Grunde genommen immer darum, bedingungslos lieben zu lernen, wobei diese Welt das Erfahrungsumfeld dafür darstellt.

Es mag wichtig sein, daß sich die beiden Seelen für viele Inkarnationen nicht begegnen. In manchen Leben mögen sie sich treffen und sich stark zueinander hingezogen fühlen, ohne daß sie jedoch bereits die Fähigkeit zur Wiederverschmelzung entwickelt haben.

Nicht in diesem Leben

Manchmal ist es wichtig für beide Seelen, daß eine sich nicht inkarniert, sondern bei ihrer Seelengruppe bleibt, um sich anderen karmischen Aufgaben zu widmen. Solange jemand aber nicht mit völliger Sicherheit weiß, daß der andere Partner sich nicht auf der Erde befindet, wird immer die Sehnsucht nach »der anderen Hälfte« tief im Herzen brennen. Ständig ist ein Gefühl des Verlusts vorhanden, wie tief die Beziehungen zu anderen Menschen auch sein mögen. Doch diese Sehnsucht ist ein Teil des Weges, da sie ein Antrieb zu seelischem Wachstum ist. Wenn dies erkannt wird, kann die Suche nach der äußeren Manifestation des Seelenpartners aufhören, und die Tore zur Seele können sich öffnen. Sobald die Seele sich nach innen wendet, beginnt sie, ihre karmischen Aufgaben zu erfüllen.

Wenn zwei Zwillingsseelen im Einklang miteinander schwingen, werden die Umstände dazu beitragen, daß sie zusammenkommen und ihre Energien als Ausdruck der göttlichen Dualität vereinigen. Das bedeutet nicht unbedingt, daß die beiden ein Liebespaar werden. Die Betonung liegt vielmehr auf einer höheren spirituellen Aufgabe, bei der beide als Mann und Frau gemeinsam mehr vollbringen können, als sie es einzeln oder mit anderen könnten. Sollte neben ihrer Aufgabe noch Raum für eine sexuelle Beziehung sein, so kann das auch ein Teil des Prozesses sein.

Die Seelengruppe

Mitglieder unserer Seelengruppe treten ständig in unser Leben, um uns anzuspornen und uns unserem letztendlichen Ziel näher zu bringen. Manchmal tauchen sie im entscheidenden Moment auf, um uns durch eine Krise hindurchzuhelfen. Oder aber sie brechen uns das Herz – indem sie bis in unser Innerstes vordringen, all unsere Schwächen zum Vorschein bringen und uns dann im Stich lassen. Es kann Jahre dauern, bis wir uns von solchen Begegnungen erholen und lernen zu vergeben. Doch genau darum geht es. Wir können unserer Zwillingsseele nicht begegnen, bevor wir nicht gelernt haben zu vergeben.

RITUAL: DIE ZWILLINGSSEELE ANERKENNEN

Entzünde zwei weiße Kerzen als Symbol für Reinheit und Dualität. Verwende Räucherwerk wie zum Beispiel Weihrauch zur Steigerung deiner Wahrnehmungsfähigkeit.

Dann schließe die Augen und stelle dir vor, daß du in einen wunderschönen Tempel gehst, in dem es ruhig und friedvoll ist. In der Mitte befindet sich ein großer Ring aus schützendem Licht, den du betrittst. Das Dach des Tempels ist offen, und du blickst hinauf zu den Sternen, die du deutlich erkennen kannst. Erhebe deine Hände zu den Sternen und rufe den Segen der Götter und Göttinnen zu dir herab. Bitte sie um Hilfe bei deiner Suche. Bitte sie darum, dir eine Vision deiner Zwillingsseele zu schenken.

Nun bitte deine Zwillingsseele, sich im heiligen Ring aus Licht neben dir zu manifestieren. Werde dir ihrer Anwesenheit bewußt. Legt einander die Hände aufs Herz. Fühle, wie sich die Energie zwischen euch aufbaut.

Nimm dir Zeit, alle auftauchenden Gefühle zu erkunden, Fragen zu stellen und die Energie zu spüren. Vielleicht stellst du fest, daß ihr euch bereits kennt, oder du weißt, daß euer Zusammentreffen irgendwo in der Zukunft liegt. Sobald du spürst, daß die Begegnung beendet ist, erlaube deiner Zwillingsseele, durch das Dach des Tempels zu den Göttern und Göttinnen zurückzukehren. Wenn die Zeit gekommen ist, werdet ihr zueinander finden, wo immer ihr auch seid und was immer ihr tut. Denke daran, der Schöpfer wirkt auf wahrhaft wundersame Weise, und die wahre Liebe taucht häufig gerade dann auf, wenn wir es am wenigsten erwarten. Rufe deinen Schutzengel und übergib ihm die Sehnsüchte deines Herzens. Sobald du dich bereit fühlst, verlasse den Tempel und öffne wieder die Augen. Schreibe alle wichtigen Beobachtungen, Einsichten oder Gedanken auf, die dir während dieses Rituals kamen.

Folgende Anrufung kann dich unterstützen, wann immer die Sehnsucht nach deiner Zwillingsseele dich zu überwältigen droht:

Meine Zwillingsseele, ich weiß, daß du existierst.
Wenn wir bereit dafür sind,
werden wir uns begegnen.
So sei es.

Stelle dir vor, daß du dich in einem Tempel befindest,
und bitte die Götter und Göttinnen um eine Vision deiner Zwillingsseele.

Liebe ist das Leben eines jeden Menschen.

Emmanuel Swedenborg

Wenn zwei Liebende sich im sexuellen Akt miteinander vereinen, so ist dies der stärkste und schönste schöpferische Ausdruck, den wir auf dieser Welt kennen. Die Hindus sehen das liebende Paar als die lebendige Verkörperung von Gott und Göttin, Shiva und Shakti. Shiva ist reines Sein, ein unveränderlicher transzendenter Zustand reinen Bewußtseins. Shakti enthält die Lebenskräfte von Yin und Yang, sie repräsentiert damit Schöpfung und Kreativität. Mit Hilfe von Shakti können wir uns auf die feinstofflichere Energie Shivas einstimmen. Daher sind die beiden untrennbar miteinander verbunden.

Indische Erotik

In Indien findet man zahlreiche wunderschöne erotische Abbildungen in Tempeln wie Kajuraho oder in den Höhlen von Ellora und Ajanta. Das Kamasutra wurde von Vatsyayana, einem indischen Heiligen, geschrieben, nachdem er viele Jahre in tiefer Meditation verbracht hatte. Es lehrt uns, unsere niederen sexuellen Begierden zu überwinden und unsere sexuelle Energie in eine starke Kraft zu verwandeln, die uns spirituelle Freiheit zu schenken vermag.

Die Schlangenkraft

Die Kundalini oder Schlange ist das Symbol dieser Kraft, die durch sexuelle Erregung oder Meditation geweckt werden kann. Sie wandert dann vom unteren Ende der Wirbelsäule bis hinauf zum Scheitel oder Kronenchakra. Wenn die Energie dieses Zentrum erreicht, erlebt man einen glückseligen Zustand reiner Ekstase. Doch nur wenige unter uns könnten solch eine Erfahrung bewußtseinsmäßig bereits verkraften. Daher wird es allgemein als gefährlich angesehen, die Schlangenkraft zu erwecken, bevor wir dazu bereit sind.

Scham und Schuld

Für die meisten von uns ist Sexualität mit Gefühlen von Scham und Schuld verbunden. Es ist sehr viel Energie und Willenskraft erforderlich, um sich aus solchen alten sexuellen Verhaltensmustern und Glaubenssystemen zu befreien. Zudem müssen wir einen Partner finden, der diese Entwicklung ebenso ernst nimmt wie wir. Beide Partner müssen sich voreinander völlig entblößen, damit Heilung möglich wird – und damit wahre Harmonie und Frieden.

Wenn ein Paar die niederen sexuellen Begierden überwindet,
kann die Vereinigung zum Ausdruck göttlicher Dualität
auf Erden werden.

Der beste Tag für dieses Ritual ist der Sonntag – der Tag der Heilung. Nimm sieben weiße Kerzen und stelle sie in einem Kreis auf, der groß genug ist, daß du in seiner Mitte sitzen kannst. Während du die Kerzen einzeln nacheinander anzündest, sprich jeweils die folgende Anrufung:

Ich bin bereit, meine sexuellen Wunden
zu heilen, damit ich meine sexuelle Kraft
in Freiheit und Freude leben kann.
So sei es.

Schließe die Augen und stell dir vor, daß du eine Tür am unteren Ende der Wirbelsäule öffnest, dort, wo sich deine sexuelle Kraft verbirgt. Hinter dieser Tür befindet sich eine Persönlichkeit, die das Geheimnis deines sexuellen Ausdrucks in sich birgt. Rufe sie und betrachte sie. Wie alt ist sie? Ist sie noch ein Kind oder ein Jugendlicher? Sprich mit ihr. Hat sie negative Glaubenssätze, die verhindern, daß du dich für sexuelle Beziehungen wahrhaft öffnest? Möglicherweise tauchen starke Gefühle auf. Erlaube ihnen, da zu sein. Beurteile sie nicht, sondern akzeptiere sie. Dadurch, daß wir unsere Wahrheit anerkennen, öffnen wir uns für tiefe innere Heilung.

Frage diese innere Persönlichkeit, was sie von dir braucht, damit eine Heilung auf der sexuellen Ebene stattfinden kann. Vielleicht ist es wichtig, ehemalige Partner in den rituellen Raum zu rufen, um sich endgültig von ihnen zu lösen. Oder es ist notwendig, jenen zu vergeben, die dir in deiner Kindheit Schmerz zugefügt haben. Laß dir Zeit. Oft tritt intensive Wut an die Oberfläche, doch dahinter liegt meist Trauer. Erst wenn wir an sie rühren, können wir anfangen, uns von unserer Vergangenheit zu lösen.

Sobald du dich bereit fühlst, laß alle negativen Gefühle von Scham und Schuld, Selbsthaß, Ekel und Minderwertigkeit los, die in diesem Bereich verborgen waren. Stell dir vor, daß du sie mit klarem Wasser herausspülst, bis du ein Gefühl von Reinheit und Frieden verspürst. Bade anschließend diesen Bereich in leuchtendem, heilendem roten Licht. Beobachte, wie sich die Persönlichkeit dort verändert. Nimm wahr, was sie nun braucht, um den Heilungsprozeß fortzusetzen.

Wenn du zu einem inneren Abschluß gekommen bist, öffne die Augen und schreibe alles Wichtige auf. Du kannst dieses Ritual wiederholen, sooft du ein Bedürfnis danach verspürst.

Rituelle sexuelle Heilung kann alle
negativen Gefühle klären, so daß wir uns in Körper
und Geist gereinigt und voller Frieden fühlen.

Wie das Feuer des Lebens,
so kann die Liebe verzehren oder reinigen.

Anonym

Wenn wir uns sexuell mit einem anderen Menschen vereinigen, findet dabei immer ein starker energetischer Austausch statt, denn wir nehmen die Essenz des anderen in uns auf. Die alten Taoisten waren der Auffassung, daß wir dabei sogar die karmischen Probleme unseres Partners übernehmen. Wenn wir einen Geliebten wählen, so wählen wir auch unser Schicksal. Dies ist ein furchterregender Gedanke, besonders für Menschen, die mit zahlreichen Partnern sexuelle Begegnungen haben. Unser Körper ist wahrhaft unser Tempel – ein heiliger Raum, den wir respektieren und ehren müssen, wenn wir uns wahre Heilung wünschen.

Kurzfristige sexuelle Beziehungen in hoher Zahl können unserer Seele Schaden zufügen.

Sex und die Psyche

Wenn eine sexuelle Vereinigung ohne Liebe geschieht, können tiefe Gefühle von Erschöpfung, Niedergeschlagenheit und Ekel auftauchen. Dies kann sich manchmal sehr rasch manifestieren, auch wenn es im allgemeinen bis zu drei Wochen dauert, bis die Psyche die Energie einer sexuellen Vereinigung verarbeitet hat. Sexuelle Aktivitäten mit rasch wechselnden Partnern können uns zweifellos schaden. Natürlich kann ein flüchtiges Abenteuer mit einem Fremden manchmal auch unglaublich intim und liebevoll sein – doch ist das meist die Ausnahme. Häufige Eskapaden um eines kurzfristigen Kitzels willen töten langsam die Seele ab. Denn unsere Seele sehnt sich im Grunde nach den höheren Aspekten spiritueller Liebe, nach der Begegnung von Shiva und Shakti.

Yin und Yang

Viele homosexuell veranlagte Menschen tragen in sich dieselbe Sehnsucht nach einer liebevollen intimen Beziehung wie alle anderen auch; viele haben sogar stabile, dauer-

Die alten Taoisten lehren, daß wir bei einer sexuellen Beziehung auch das Karma unseres Partners übernehmen.

hafte Partnerschaften. Die alten Taoisten sind jedoch der Ansicht, daß der höchste Grad an spiritueller Vereinigung nur erreicht werden kann, wenn sich ein Mann und eine Frau miteinander verbinden. Denn es ist für zwei Männer oder zwei Frauen als Partner ungleich schwieriger, die starke Polarität von Yin und Yang zu erzeugen, die nötig ist, um durch sexuelle Begegnungen erweiterte Bewußtseinszustände zu erreichen.

Wenn sexuelle Aktivität auf unterster Ebene stark betont ist, sei sie nun hetero-, homo- oder bisexuell, so verstärkt sie immer unsere destruktiven Verhaltensmuster. Sexualität um der Sexualität willen führt im Endeffekt stets dazu, daß wir uns einsam, leer und ausgebrannt fühlen. Sobald wir das erkennen und unsere Lebenskraft nicht mehr verschwenden, sondern unsere sexuellen Probleme in Angriff nehmen, öffnet sich uns die Tür zu einer reichen Welt des sexuellen Ausdrucks voller persönlicher Integrität. Ohne diese Integrität verharren wir auf der untersten Stufe.

Zünde eine grüne Kerze an und verbrenne Räucherwerk, das dir zusagt. Sprich dabei folgende Anrufung:

Ich ehre meinen Weg
und meine innere Entwicklung.
Ich ehre alle Menschen in meinem Leben,
die mir geholfen haben,
meine eigene Wahrheit zu finden.
So sei es.

Schließe die Augen und rufe deine innere Göttin an. Bitte sie, sich dir zu zeigen. Sie symbolisiert deine eigene Größe, Stärke und Kraft. Sei dir bewußt, wie weit du bereits gegangen bist und wieviel du in deinem Leben bisher geschafft hast. Erkenne dich selbst an für deinen Mut und deine Beharrlichkeit, deinem Weg treu zu folgen. Das Leben ist eine Herausforderung, und du stehst mitten in diesem Abenteuer. Bitte deine Göttin um ihre Unterstützung und Hilfe. Gestatte dir, ihre Liebe zu empfangen und ihre Wertschätzung für deine Schönheit und deine Hingabe ans Leben anzunehmen. Nun erinnere dich an alle Menschen, die dich auf deinem Weg bisher unterstützt haben. Während jeder einzelne von ihnen erscheint, reichen sie dir jeweils ein Geschenk. Es mag ein Gefühl sein, ein Symbol oder auch etwas »Praktisches«. Verbinde dieses Geschenk innerlich jeweils mit dem entsprechenden Namen. Ehre sie und danke ihnen für die wichtige Rolle, die sie in deinem Leben gespielt haben. Öffne dein Herz für dich selbst. Du bist eine wunderbare Seele, die genau das tut, was für ihre Entwicklung und ihr Wachstum in dieser Welt nötig ist. Sei dir deiner Einzigartigkeit bewußt: Dies ist deine persönliche Reise, die du mit anderen teilen kannst, die aber niemals von jemand anderem gelebt werden kann.

Wenn du bereit bist, verabschiede dich von deiner Göttin, doch sei dir bewußt, daß sie immer für dich da ist, um dich zu ermutigen und zu unterstützen. Laß die grüne Kerze als Zeichen deiner inneren Verpflichtung dir selbst und deinem Weg gegenüber vollständig abbrennen.

Deine innere Göttin ist ein Symbol deiner eigenen Größe, Stärke und Kraft.

Pfade der Heilung

Liebe ist alles, was wir haben,
die einzige Möglichkeit, uns gegenseitig zu helfen.
Euripides

Jedesmal wenn eine Beziehung sich auflöst, aus welchen Gründen auch immer, bietet sich eine wunderbare Gelegenheit, unrealistische romantische Vorstellungen hinter sich zu lassen. Jetzt ist es an der Zeit, Enttäuschung, Desillusionierung und Bitterkeit in »Werkzeuge« der eigenen Heilung zu verwandeln, das Herz zu öffnen und die inneren Wunden ans Licht kommen zu lassen.

Unsere Ängste

Ungelöste innere Konflikte können zu den unterschiedlichsten Kommunikationsproblemen führen. Ihre Wurzel ist die Angst davor, die Wahrheit über uns selbst zu hören, verlassen und abgelehnt zu werden oder nicht gut genug zu sein. Bevor diese Ängste an die Oberfläche kommen können, bricht oft die Beziehung auseinander, weil einer der Partner unbewußt vor diesen Themen davonläuft. Die Liebe eines anderen Menschen anzunehmen macht uns verwundbar und stellt uns vor weit mehr Herausforderungen, als andere zu lieben. Wenn wir unsere Liebe auf einen anderen projizieren, haben wir immer noch die Kontrolle; wir können unsere Liebe zurücknehmen, uns ihr opfern oder sie genießen. Doch Liebe zu empfangen und daran zu glauben ist etwas ganz anderes. Es braucht meist nur ein ärgerliches Wort oder einen Flirt des anderen, um uns in Zweifel zu stürzen. Eifersucht, Ärger, Wut und Angst prüfen unser Selbstvertrauen, unseren Partner und unsere Beziehung. Wenn zwei Partner diese Probleme nicht in Liebe und Geduld bewältigen können, werden sie sich gegenseitig mit ihren ungelösten inneren Konflikten immer wieder Schmerz zufügen.

Unser Selbstwertgefühl

Alle Muster der Selbstsabotage hängen mit einem geringen Selbstwertgefühl zusammen; sie stammen von dem verwundeten Kind, das glaubt, nicht liebenswert zu sein. Daraus entstehen unsere emotionalen Muster, mit denen wir uns immer wieder beweisen, wie unwürdig wir sind. Durch wahre Intimität mit anderen fühlen wir uns so bedroht, daß wir vor ihr davonlaufen. Statt dessen projizieren wir unsere emotionalen Bedürfnisse vielleicht auf unerreichbare Idole, die unsere Liebe nicht direkt erwidern können. So müssen wir uns nicht mit der wahren Ursache, dem verwundeten Kind in uns, auseinandersetzen. Doch erst wenn wir die Wunden unseres inneren Kindes geheilt haben, können wir uns zu verantwortungsvollen Erwachsenen mit reifen Beziehungen entwickeln.

Die Sehnsucht nach unerreichbaren Idolen, die unsere Liebe nicht erwidern können, ist ein Zeichen für ein geringes Selbstwertgefühl und eine Form der Selbstbestrafung.

Du benötigst sechs grüne Kerzen, die du jeweils mit sechs Tropfen Lavendelöl einreiben kannst. Schreibe deinen Namen auf eine Seite der Kerzen und die Worte »Ich heile mein Herz« auf die andere. Zünde Sie an und sprich folgende Anrufung:

Ich rufe die Kräfte der Wahrheit
und Klarheit, auf daß sie mich unterstützen,
mein Herz zu öffnen. So sei es.

Schließe die Augen und richte deinen inneren Blick auf dein Herz. Visualisiere seinen Zustand und male dieses Bild dann auf. Zeichne alle Bereiche ein, wo du Angst vor Liebe oder den Schmerz zerbrochener Beziehungen finden kannst. Nun schreibe daneben alle negativen Gedanken, die dich davon abhalten, eine befriedigende Beziehung einzugehen. Möglicherweise tauchen auch die Namen verschiedener Menschen in dir auf. Vielleicht ist es jetzt an der Zeit, deine ungelösten Konflikte mit ihnen anzugehen. Allzuoft brechen Beziehungen durch Mißverständnisse auseinander. Bitterkeit und Entfremdung entstehen, wenn wir unsere innere Wahrheit nicht aussprechen. Einen Brief zu schreiben ist eine wertvolle Hilfe bei ungeklärten Beziehungskonflikten. Du kannst ihn verbrennen oder auch abschicken. Sei so ehrlich wie möglich, ohne dem anderen Vorwürfe zu machen. Denn jede Beziehung, die du eingehst, spiegelt deine unbewußten Gefühle über dich selbst. Jetzt hast du die Gelegenheit, loszulassen und zu vergeben, so daß du weiter vorwärts gehen kannst. Heilung ist wie das Schälen einer Zwiebel – sobald du ein Thema abgeschlossen hast, tritt das nächste an die Oberfläche. Doch dabei hast du jedesmal die Gelegenheit, dich selbst besser kennenzulernen. Vergebung ist ein wichtiger Teil dieses Prozesses, denn im Endeffekt vergibst du immer dir selbst. Wir alle tragen ein inneres Kind in uns, das sich nicht liebenswert fühlt. Wenn wir die Gründe dafür erkennen und vergeben können, fällt die Last von unseren Seelen, und unser Licht beginnt zu strahlen.

Nur dann, wenn wir uns mit den negativen Gefühlen
aus unserer Vergangenheit auseinandersetzen und
denen vergeben, die uns Schmerz zugefügt haben,
können wir unser Herz befreien.

PFADE DER BEZIEHUNGEN

Komm, bleib bei mir und sei mein Lieb,
und aller Tage Lust mir gib,
die Freuden von Hügel, Tal, Feld und See,
von Wald und Berg sind unser je.
Christopher Marlowe

Tiefe Beziehungen geben uns immer eine ganz besondere Gelegenheit, uns weiterzuentwickeln. Doch Beziehungen haben ihren eigenen Rhythmus; manchmal entwickeln sie sich zu mehr Nähe, manchmal zu mehr Distanz. Beziehungen fordern uns heraus, sie bringen unsere ungelösten Konflikte an die Oberfläche – und damit auch unseren inneren Schmerz. Dies kann dazu führen, daß wir uns von unserem Partner zurückziehen. Wenn jedoch beide bereit sind, die Verantwortung dafür zu übernehmen, kann dieser Schmerz einen tiefen Heilungsprozeß einläuten, der stärker miteinander verbindet.

Die Beziehung prüfen

Es ist dieses ewige Auf und Ab, diese ständige Bewegung, die eine Beziehung lebendig macht. Wenn sie uns nicht mehr herausfordert, wird sie bald stagnieren und sterben. Sind beide Partner an ihrer inneren Ent-

wicklung interessiert, bietet ihre Beziehung dafür die besten Gelegenheiten. Widmet ihr soviel Zeit, wie ihr nur aufbringen könnt. Dabei könnt ihr euch eurer Verhaltensmuster immer stärker bewußt werden. Laßt zu, daß der Partner sie euch aufzeigt, auch wenn dies erst einmal zu Streit führt. Streitigkeiten klären die Atmosphäre und führen oft dazu, daß die Wahrheit ans Licht kommt. Das ist schließlich der Sinn jeder Intimität mit einem anderen Menschen: die Möglichkeit, ganz man selbst zu sein, ohne Verstellung, ohne Maske, ohne Entschuldigungen.

Verborgene Kräfte

Um diese Art von Intimität zu erreichen, braucht es möglicherweise eine lebenslange Beziehung zu einem einzigen Menschen, vielleicht aber auch mehrere Beziehungen zu verschiedenen Partnern. Das hängt von dem individuellen Charakter und den jeweiligen

Beziehungen leben von der Zeit
und der Energie, die wir für sie aufbringen.

karmischen Gegebenheiten ab. Manchmal wachsen wir über die Themen einer Beziehung hinaus, und dann ist es Zeit, loszulassen. Wenn eine Beziehung dem höchsten Wohl beider Partner dient, wird das Universum schon dafür sorgen, daß sie auch unter schwierigen Umständen zusammenbleiben. Wenn sie dagegen ihren Zweck überlebt hat, werden Gelegenheiten auftauchen, sie zu beenden. Die Herausforderung ist dann, sich dem Schmerz und der Loslösung aus der vertrauten Situation zu stellen.

Zunehmende Bewußtheit

Das Leben unterstützt uns in unserer Entwicklung, indem es uns laufend die unter-schiedlichsten Gelegenheiten, Möglichkeiten und Herausforderungen bietet. Wie wir damit umgehen, bleibt allerdings immer uns überlassen. Wenn zwei Partner wirklich annehmen können und Mitgefühl entwickelt haben, werden sie sich in harten, unsicheren Zeiten gegenseitig unterstützen und die guten Zeiten miteinander feiern. Werden alle schwierigen Themen nach und nach bearbeitet, lösen sich die negativen Muster langsam auf, und beide werden erfüllter und damit auch fähiger, eine harmonische Beziehung aufzubauen. Aber auch wer allein ist, braucht nicht zu verzweifeln. Denn alles innere Wachstum, wird in die nächste Beziehung mit einfließen und sie positiv beeinflussen.

All denen, die Probleme in ihrer Partnerschaft haben und sich mehr Klarheit wünschen, kann dieses Ritual helfen, Antworten zu finden. Es kann allein oder auch mit dem Partner/der Partnerin durchgeführt werden, falls diese bereit dazu sind.

Zünde zu Ehren deiner Beziehung sechs rosafarbene Kerzen an und stelle sie in einem Kreis auf deinen Altar. Schmücke ihn mit Blumen und brenne Räucherwerk ab. Stelle eine blaue Kerze in die Mitte des Kreises. Sie steht für den Heilungsprozeß. Schreibe das Problem auf, das dich quält. Welche Gefühle tauchen auf? Sei dabei wirklich ehrlich dir selbst gegenüber. Kennst du das Problem aus früheren Beziehungen, ist es ein sich wiederholendes negatives Muster? Wenn ihr die Übung zu zweit macht, lest euch vor, was ihr geschrieben habt. Schaut euch gegenseitig in die Augen, und falls Ängste auftauchen, haltet euch an den Händen. Helft euch gegenseitig, voll präsent zu bleiben. Verweilt bei euren Gefühlen und sprecht darüber. Teilt euch gegenseitig mit, welche alten Muster ihr wiedererkennen könnt. Wenn du allein bist, kannst du zu dir selbst sprechen. Der wichtigste Punkt ist, ganz bei dem zu bleiben, was in dir vorgeht. Denn erst wenn du dir deiner Muster bewußt wirst, kannst du anfangen, darüber hinauszugehen.

Aufrichtigkeit ist der Schlüssel für die Heilung all unserer Beziehungen. Von einem Partner wirklich gesehen zu werden ist eine tiefe Erfahrung. Es verbindet euch sehr stark, weil ihr euch nun sicherer miteinander fühlen könnt. Ihr unterstützt euch gegenseitig, und dadurch kann sich die Angst auflösen, nicht gut genug zu sein und abgelehnt zu werden. Erkennt gegenseitig eure Liebe an und vertraut darauf, daß sie wachsen und gedeihen wird.

Wenn ihr wollt, könnt ihr jetzt euren Treueschwur erneuern. Wenn du allein bist, kannst du mit der folgenden Anrufung bekräftigen, daß du dich verpflichtest, deine negativen Muster aufzulösen:

Ich bin bereit, mich selbst in völliger Klarheit und Wahrheit zu sehen, so daß ich die Qualität meiner Beziehungen verbessern kann.
So sei es.

Laß die Kerzen vollständig niederbrennen. Sorge dafür, daß sie sich dabei an einem sicheren Platz befinden.

Wenn in einer Partnerschaft Probleme
auftauchen, kann ein Heilungsritual
die Beziehung festigen.

PFADE DES ALLEINSEINS

Der Weise blickt ins All und sieht weder das Kleine als zu klein
noch das Große als zu groß an, denn er weiß, daß alle Dimensionen grenzenlos sind.

Lao Tse

Zuzeiten ist es wichtig für uns, uns aus allen intimen Beziehungen zurückzuziehen. Wir brauchen diesen Raum, um uns für uns selbst Zeit zu nehmen, um uns und unsere Ziele im Leben neu zu erforschen und ungestört unsere Wunden zu heilen. Das gilt vor allem dann, wenn ein besonders traumatisches Erlebnis unser Herz völlig zum Erstarren brachte. Wie bei allen emotionalen Erfahrungen läßt sich auch aus solchen Erlebnissen vieles lernen. Das können wir jedoch erst dann wirklich verstehen, wenn wir den natürlichen Trauerprozeß abgeschlossen haben.

Trauer

Die Fähigkeit zu trauern ist so wichtig wie die Fähigkeit zu lieben. Trauer erlaubt es uns, uns von der Vergangenheit zu lösen. Indem wir den Verlust wirklich fühlen, erfahren wir all die Wut-, Schuld- und Angstgefühle, die mit dem Tod stets verbunden sind. Wenn ein Partner uns verläßt, bleibt uns keine andere Wahl, und wir müssen uns mit unserer Angst vor dem Verlassensein auseinandersetzen.

Diese Erfahrung bringt in uns den Schmerz über die Trennung von Gott, von unserer Quelle, an die Oberfläche. Erst wenn wir diesen Schmerz annehmen, können wir wirklich frei werden. Sind wir in der Lage, bewußt die Einsamkeit des Verlassenseins zu fühlen, werden wir in den Menschen verwandelt, der wir wirklich sind. Wenn wir zum Zentrum unseres Schmerzes gelangen, bleibt kein Platz mehr für Spiele oder für Masken, und wir erreichen diese Tiefe nur dann, wenn wir uns vollkommen der Dunkelheit hingeben. Meine Erfahrung in einem solchen Fall war, daß ich mich hinlegte und die Engel bat, mir zu helfen, den Schmerz aus meinem Körper hinauszuatmen. Sie haben es getan; das ist alles, was ich dazu sagen kann.

Ganz zu werden in Freude und Schmerz bedeutet, daß wir unser Leben endlich *leben* können. Es bedeutet, daß wir uns nun unserer Lebensaufgabe widmen und unseren Seelengefährten anziehen können. So wirst du dir selbst, deinem Partner und allen Menschen dienen, die mit dir in Kontakt kommen.

Von einem geliebten Menschen verlassen
zu werden ist eine schmerzhafte Erfahrung,
doch durch den Trauerprozeß werden wir
lernen und uns weiterentwickeln.

Einsamkeit

Wenn wir allein sind, brauchen wir uns nicht als Opfer zu fühlen, denn dies ist tatsächlich eine besondere Gelegenheit. Wir können uns entweder noch mehr isolieren, oder wir können uns unserer Angst stellen, unser inneres Kind heilen, unser Herz öffnen und lernen, andere um Hilfe zu bitten – möglicherweise zum ersten Mal im Leben. Vielleicht müssen wir uns gut festhalten, denn diese Fahrt kann durchaus etwas holprig werden, doch wenn wir am Ziel angelangt sind, werden wir mit unserem Strahlen die Welt um uns herum beschenken.

Wenn du dich mit dem Problem des Alleinseins beschäftigst, ist es wichtig, geduldig mit dir selbst zu sein. Nimm dir Zeit für eine Massage, unternimm Dinge, die du genießt, oder lege dir ein Hobby zu, das dir inneren Seelenfrieden schenkt. Längere Zeiten des Alleinseins sind die beste Gelegenheit, uns mit der Diskrepanz zwischen dem Menschen, für den wir uns halten, und dem, der wir wirklich sind, auseinanderzusetzen. Es ist auch eine gute Zeit, spirituelles Verständnis für uns selbst zu gewinnen, uns mit unserem höheren Selbst zu verbinden und aufrichtig und ehrlich unser Herz zu öffnen. Wenn wir Zeit brauchen, um nachzudenken, ist es immer hilfreich, eine ruhige Umgebung zu schaffen, zum Beispiel mit Kerzen und Räucherwerk. Auch sanfte Musik kann sehr beruhigend wirken. Doch wenn Gefühle tiefer Einsamkeit auftauchen, kann es schwierig werden, einen Weg durch den Schmerz zu finden. Ich tröste mich immer, indem ich etwas Weiches festhalte. Und ich rufe meine Engel und inneren Führer um Hilfe an. Dadurch fühle ich mich unterstützt, gestärkt, geliebt und genährt. Einsamkeit ist ein Gefühl, mit dem wir alle in unserem Leben hin und wieder konfrontiert sind. Es zeigt uns, wie weit wir uns vom Zentrum unseres Herzens entfernt haben. Daher ist dies auch die beste Zeit für Heilung durch Therapie oder Beratung. Unsere Entwicklung ist eine lebenslange Reise, auf der wir nichts zu überstürzen brauchen; sie ist der wahre Grund, warum wir uns entschieden haben, hier zu sein. Und es ist gut, sich immer daran zu erinnern, daß Jahr für Jahr auf den kalten und dunklen Winter die Schönheit und Kraft des Frühlings folgt.

In Zeiten der Einsamkeit kann sanfte Musik unseren Schmerz lindern helfen.

Es ist wichtig, eine beruhigende Atmosphäre zu schaffen, wenn man mit Gefühlen der Einsamkeit konfrontiert ist. Kerzen, Räucherwerk und sanfte Musik sind dabei sehr hilfreich.

Ein Leben ohne Liebe
ist wie ein Jahr ohne Sommer.

Schwedisches Sprichwort

Wenn wir unsere Angst vor dem Lieben und Geliebtwerden loslassen und der emotionale Schmerz endlich an die Oberfläche kommt, kann dies auch körperlich sehr unangenehm und schmerzhaft sein.

Tief im Bauch

Wenn unser Herz verschlossen ist, fällt es uns schwer, tief zu atmen; wir atmen gerade ausreichend, um am Leben zu bleiben. Unser Körper verkrampft sich, und wir laufen innerlich vor der Gegenwart davon. Um wieder Zugang zu unserem Herzen zu finden, müssen wir lernen, tief in den Bauch hinein zu atmen. Hier sitzt nach Sicht der chinesischen Medizin das Hara, der Ort unserer Lebenskraft. Deshalb führt emotionaler Aufruhr oft zu Eßstörungen, Verdauungsproblemen oder zu einem Gefühl der Verkrampfung im Bauchraum. Der Nabel ist das Zentrum des Hara und mit sämtlichen Organen des Körpers verbunden. Alle Organe stehen mit bestimmten positiven und negativen Gefühlen in Beziehung.

ORGANE UND IHRE ENTSPRECHUNGEN

LUNGE UND DICKDARM
OFFEN: Geben und Nehmen
BLOCKIERT: Trauer, Depression, antisoziales Verhalten, Angst vor dem Loslassen, negative Gedankenmuster

MAGEN UND MILZ
OFFEN: Stabilität und Offenheit
BLOCKIERT: Sorge, Frustration, Verdauungsstörungen, zu wenig Süße im Leben, übermäßige gedankliche Aktivität

HERZ UND DÜNNDARM
OFFEN: Geduld und Freude
BLOCKIERT: Mangel an Freude, Geschwätzigkeit, Unfähigkeit, Lebenserfahrungen zu verarbeiten

BLASE UND NIEREN
OFFEN: Sanftheit und Großzügigkeit
BLOCKIERT: Nervosität, sich an Nebensächlichkeiten klammern, Ängste, Mangel an Kraft und Stärke

LEBER UND GALLENBLASE
OFFEN: Freundlichkeit und Vergebung
BLOCKIERT: Ärger und Verbissenheit, Bitterkeit, Unfähigkeit, zu delegieren

DREIFACHER ERWÄRMER UND PERIKARD*
OFFEN: Gleichgewicht und Harmonie
BLOCKIERT: obsessiv und übervorsichtig, überbeschützend, sich an Gefühlen festklammernd

* Der Dreifache Erwärmer steht in Verbindung mit Familie und Beziehungen, das Perikard (Herzbeutel) mit Energiezirkulation und Sexualität.

Die alten Taoisten kannten eine wunderbare Meditationstechnik, die sie das innere Lächeln nannten. Dabei gingen sie davon aus, daß unsere inneren Organe wie alle Materie von Geistwesen beseelt sind. Diese Wesen sorgen für das Wohlergehen der Organe, für ihre Gesundheit und Vitalität. Doch wenn wir unser Herz verschließen, vertreiben wir damit diese Wesen, und die Organe beginnen zu verkümmern.

Die Meditation des inneren Lächelns besteht aus einer Reihe von Übungen, wobei der Meditierende jedem Organ in seinem Körper ein Lächeln sendet – als liebevollen Gruß. Das Organ reagiert darauf, indem es innerlich erwacht und Strahlen von Licht in den übrigen Körper schickt.

Gute Kommunikation ist wichtig für jede Beziehung, und dies gilt auch für die Beziehung zu unserem Körper und seinen inneren Funktionen. Diese Übung sollte daher täglich durchgeführt werden. Außerdem macht es Spaß, sich vorzustellen, wie die Schutzgeister unserer inneren Organe wohl aussehen und reagieren.

Wenn wir unseren inneren Organen zulächeln, senden sie Licht aus, das dem ganzen Körper mehr Energie schenkt.

PFADE DER CHAKREN

Was immer Du tust, liebe Dich selbst dafür, daß Du es tust.

Thaddeus Golas,

Der Erleuchtung ist es egal, wie Du sie erlangst

Hier ist eine weitere Übung, um sich von negativen Gefühlen zu befreien. Das Wort »Chakra« kommt aus dem Sanskrit und bedeutet »Rad«. In einem gesunden Körper bewegen sich die Chakren in gleichmäßiger Rotation.

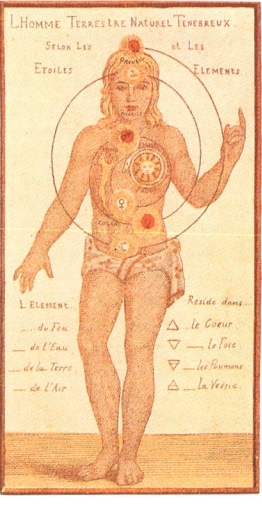

Wenn die Chakren gereinigt werden, fühlt sich der Körper erneuert.

Die sieben Chakren

Die sieben Chakren sind Energiezentren, die sich entlang der Wirbelsäule befinden. Sie werden als Wurzel-, Sakral-, Nabel-, Herz-, Kehlkopf-, Stirn- und Kronenchakra bezeichnet.

Wenn das Wurzelchakra blockiert ist, sinkt unser Energieniveau ab, und wir vermeiden physische Anstrengungen. Ist das Sakralchakra blockiert, entstehen sexuelle Störungen und Probleme. Ein blockiertes Nabelchakra (auch Solarplexus genannt) führt zu Beziehungsproblemen; Sexualität und Liebe sind in diesem Fall nicht miteinander verbunden. Wenn das Herzchakra nicht offen ist, isolieren wir uns oder machen uns emotional von anderen abhängig. Ist das Kehlkopfchakra blockiert, so vermeiden wir es, Verantwortung für uns selbst zu übernehmen. Ein blockiertes Stirnchakra (auch Drittes Auge genannt) führt zu geistiger Verwirrung und einer gestörten Beziehung zur Außenwelt. Ist das Kronenchakra blockiert, verlieren wir den Kontakt mit der universalen Quelle und unserer Spiritualität.

Die Arbeit mit den Chakren ermöglicht
besonders heilsame Erfahrungen.

es als eine Tür. Nimm dir Zeit, diese Tür zu betrachten, bevor du sie öffnest. Sei dir dabei aller auftauchenden Gefühle bewußt. Öffne nun die Tür und erlaube allem, was da ist, zum Vorschein zu kommen. Das können Gedanken, Gefühle oder Bilder sein (einige dieser Bilder stammen möglicherweise aus deiner Kindheit). Widme dich allem, was auftaucht, bis nichts mehr nachkommt und du ein Gefühl von Klarheit und Durchlässigkeit verspürst. Dann geh zum nächsten Chakra, und so weiter, bis du beim Kronenchakra angelangt bist.

Dieses Ritual ist eine unglaublich wirkungsvolle Technik, um die negativen Gedanken und Emotionen loszulassen, die deine Psyche bereits seit vielen Jahren belasten. Manchmal fühlt es sich an, als würde deine Seele von einer schweren Last befreit, und anschließend fühlst du dich möglicherweise leicht und schwerelos. Du kannst diese Übung wiederholen, sooft es dir nötig und hilfreich erscheint.

Diese Übung läßt sich am besten im Liegen durchführen. Wähle eine Zeit, in der du ungestört bist. Zünde eine rosafarbene Kerze als Symbol für dein Herzchakra an und dazu vielleicht etwas duftendes Räucherwerk. Stell dir nun dein Wurzelchakra vor und sieh

PFADE DER BEWEGUNG, DER STIMME UND DER TRÄNEN

Die Seele könnte keinen Regenbogen kennen, hätten die Augen keine Tränen.

John Vance Cheney

Wegen unserer negativen Erfahrungen verbringen wir oft viel Zeit »außerhalb« unseres Körpers. Wir werden zu Beobachtern statt zu aktiv Handelnden. Wenn wir unser Herz heilen möchten, müssen wir lernen, im Körper präsent zu bleiben. Um das zu erreichen, sollten wir uns eine Körper- oder Bewegungstherapie suchen, die uns hilft, Bewegung und Gefühle in Einklang zu bringen. Höre auf deine innere Stimme. Sie ist der Schlüssel zu deinem Selbstbild und deinem Umgang mit Beziehungen.

Heilung durch Klang

Auch mit Hilfe der Stimme lassen sich emotionale Blockaden lösen. Töne sind Schwingungen, die alles in uns lockern und zum Vibrieren bringen. Dadurch können sie auch zur Heilung des Herzens beitragen. Ein uralter Klang, der für die Öffnung des Herzens verwendet werden kann, ist »Hu«. Er läßt die universelle Liebe im Körper schwingen und öffnet uns für die Weisheit und die Kraft, die tief in uns verborgen sind.

Tränen sind befreiend

Wenn unsere Angst vor der Liebe an die Oberfläche kommt, kann großer Schmerz auftauchen. Dann sollten wir uns einen geschützten Platz suchen, an dem wir allein sein können. Manchmal ist es nötig, den Schmerz in tiefem Schluchzen auszudrücken und loszulassen. Dabei ist es hilfreich, etwas Weiches wie zum Beispiel ein Kissen festzuhalten. Umarme und schaukle es, als sei es ein Baby. Das Kissen wird dadurch zu deinem inneren Kind, das Zuwendung und Liebe braucht.

Das Licht zulassen

Dieser Schmerz kann schon seit der Kindheit in dir verborgen sein, und es wird eine Zeitlang dauern, bis er sich ganz aufgelöst hat. Es gibt immer eine tiefe Ursache dafür, und vielleicht ist es jetzt an der Zeit, sie herauszufinden. Bitte deine innere Führung um eine Botschaft und öffne dein Herz für die Antwort. Die Erkenntnisse daraus werden dir helfen, dich selbst zu lieben. Erst dann kannst du wahrhaft Liebe an andere weitergeben.

RITUAL:
NEGATIVE GEFÜHLE LOSLASSEN

Negative Gefühle lassen sich
manchmal buchstäblich ausatmen.

Der Atem ist ein wichtiger Schlüssel, um aufgestaute Emotionen freizusetzen. Suche dir für diese Übung einen Platz, an dem du dich sicher und ungestört fühlst. Zünde eine rosafarbene Kerze als Symbol für Heilung an. Entspanne deinen Körper und atme langsam aus. Laß deine Gefühle mit dem Atem aufsteigen und aus dir heraus-fließen. Atme tief in den Bauch hinein und dann wieder aus und laß alles hochkommen, bis du dich leichter fühlst.

Manchmal brauchen wir Hilfe für die-sen Prozeß. Es kann sehr heilsam sein, wenn wir in einer liebevollen Atmosphäre mit un-serem Schmerz von einem anderen Men-schen gesehen und unterstützt werden.

TEIL ZWEI

PFADE DER MAGIE

Was Du Dir vornimmst,
läßt er Dir gelingen, und das Licht
wird auf Deinen Wegen scheinen.

Hiob 22,28

Magie ist ein natürlicher Teil unseres ganz alltäglichen Lebens. Sie verbirgt sich in jenen besonderen Augenblicken, in denen wir im Frieden mit uns selbst sind, in den scheinbar zufälligen Begegnungen mit Menschen, die an unser Herz rühren, in unseren Träumen, die uns Inspiration und Führung schenken, und in der Schönheit der Natur, die uns allzeit umgibt. Wir müssen uns nur daran erinnern, daß auch wir ein Teil dieses magischen Universums sind und uns jederzeit entschließen können, darin zu tanzen.

Die Natur einbeziehen

Wir können unsere eigene Magie erzeugen, indem wir unsere Gedanken bewußt auf etwas ausrichten. Das ist nicht neu. Unsere Vorfahren haben die Kunst der Magie seit Jahrtausenden ausgeübt. Sie sahen sich als Teil der natürlichen Welt, die sie ernährte, unterstützte und am Leben erhielt. Und sie schlossen die Aspekte dieser Welt in ihre Rituale mit ein. Geistige Führer, Totemtiere und

Sichtbare und unsichtbare Welten waren in den Ritualen der Vergangenheit miteinander verbunden.

verstorbene Vorfahren spielten für sie eine ebenso wichtige Rolle wie die sie umgebende Realität. Für sie waren die Schleier zwischen der sichtbaren und der unsichtbaren Welt sehr dünn, und alles war in allem enthalten.

Uralte Rituale öffnen den Weg in eine magische Realität,
die viele von uns lange Zeit vergessen hatten.

Die Bedeutung
von Anrufungen und Ritualen

Heute haben die meisten Menschen den Kontakt mit den unsichtbaren Welten verloren. Doch indem wir lernen, Rituale zu erschaffen und einzusetzen, erzeugen wir Raum für unser inneres Licht, so daß es von neuem leuchten kann. Rituale schenken uns Zeit, nach innen zu schauen, unsere Gedanken zu klären und auf den Punkt zu bringen. Indem wir die Elemente symbolisch oder praktisch in unsere innere Arbeit einbeziehen, stellen wir wieder eine Verbindung zu unserer natürlichen Umwelt her.

Die Liebeszauber-Rituale auf den folgenden Seiten verwenden Elemente aus allen Reichen der Magie. Sie öffnen das Herz durch Reflexion, Meditation und Gebet. Die dreizehn Begleitkarten erinnern uns daran, daß wir alle ein Teil dieses Mysteriums namens Leben sind. Und daß es um einiges geheimnisvoller ist, als wir es uns jemals vorstellen können.

Farben, Zahlen, bestimmte Wochentage oder Kräuter können unsere Anrufungen und Rituale verstärken. Hier folgt eine Liste der wichtigsten magischen Hilfsmittel.

Zahlen

Zwei: die Zahl des Mondes und der Dualität

Drei: die Zahl der Ausdehnung, die Dinge in Gang bringt

Sechs: die Zahl der Liebe, die das bestärkt, was du hast

Sieben: die Zahl der spirituellen Liebe und der Heilung

Neun: die Zahl der Lust und der sexuellen Kraft

Farben

Rosa: für romantische Liebe

Rot: für Leidenschaft

Weiß: für Reinheit

Gelb: für Freundschaft

Blau: für die Heilung des Herzens

Wochentage

Montag: für Mondmagie, für intime Beziehungen

Dienstag: für Sexualmagie

Mittwoch: für die Verbesserung der Kommunikation in einer Beziehung

Donnerstag: für die Arbeit mit der Wahrheit

Freitag: für alle Liebesrituale

Samstag: für die Bestärkung von Zielen

Sonntag: für die Heilung des Herzens

Mondphasen

Neumond: um dich auf die Art der Liebe einzustimmen, die du gerne in dein Leben ziehen möchtest

Zunehmend: um Liebe anzuziehen

Vollmond: um Vorhandenes zu verstärken, um Liebe zu feiern

Abnehmend: um Liebe loszulassen, um dich von negativen Mustern zu befreien

Edelsteine

Rosenquarz: verstärkt jede Form von Liebe

Amethyst: für Edelmut in der Liebe

Kunzit: um das Herz zu öffnen

Koralle: für romantische Liebe

Diamant: um Liebe zu bestärken

Mondstein: für ein glückliches Leben

Doppelkristall: um einen Seelenpartner anzuziehen

Turmalin: stimmt auf Liebe ein

Kräuter und Blumen

Basilikum:	zieht Liebe an
Kamille:	beruhigt das Herz
Nelke:	zieht einen Partner an
Koriander:	facht die Glut an
Dill:	macht unwiderstehlich
Ingwer:	stärkt die Leidenschaft
Majoran:	stärkt die Potenz
Rosmarin:	fördert die Treue
Thymian:	stärkt den Mut
Rose:	für Sanftheit
Aster:	läßt Liebeswünsche wahr werden
Gänseblümchen:	zieht Leidenschaft an
Jasmin:	für spirituelle Liebe
Primel:	zieht Liebe an
Lavendel:	für Aufrichtigkeit
Tulpe:	heilt eine Trennung
Nelke:	verstärkt die Liebe

Duftöle

Patschuli:	fördert die Sinnlichkeit
Zimt:	erhöht die Schwingung der Liebe
Sandelholz:	heilt das Herz
Rose:	für reine Liebe
Jasmin:	um eine höhere, spirituelle Liebe anzuziehen
Ylang-Ylang:	zum Verführen

Diese Hilfsmittel können die magische Wirkung von Ritualen und Anrufungen verstärken, doch sie sind es nicht, die die Magie bewirken. Magie entsteht durch Gedankenkraft, und der einfachste Zauber ist oft der beste. Manchmal ist es angebracht, Hilfsmittel zu verwenden, manchmal nicht. Folge dabei immer deiner eigenen inneren Weisheit. Denke daran, Magie kann auf wundersame und manchmal unerwartete Art und Weise funktionieren.

Pflanzenmagie

Die Natur, die uns umgibt, ist voller Zauber. Alle Blumen und Kräuter besitzen bestimmte Qualitäten, die wir für unsere Rituale verwenden können. Stell dir deine eigene Auswahl zusammen, je nach dem, was du in dein Leben ziehen möchtest. Du kannst auch Kombinationen von zwei, drei oder sechs Pflanzen nehmen, wenn du gleichzeitig mit Zahlenmagie arbeiten möchtest. Eine Prise Salz verbindet die Ingredienzien, und mit einem Harz wie Galbanum oder Benzoe lassen sie sich fixieren. Ätherische Öle können den Duft zusätzlich verstärken. Ein solches Potpourri kann den Altar schmücken oder als Gabe an die Göttin auf die Erde oder eine Wasserfläche gestreut werden.

Es ist wichtig, jedes Ritual, das du in Angriff nimmst, in Ehren zu halten. Rituale und Anrufungen öffnen die Kanäle zum höheren Selbst, sie verkünden die Botschaft, daß es dir ernst ist mit deiner Absicht. Also nimm sie nicht auf die leichte Schulter. Rituale und Anrufungen können dein Leben verändern, deshalb ist es wichtig, für deine Absichten und Handlungen die Verantwortung zu übernehmen.

Warnung

Das erste und wichtigste Gesetz der Magie ist, alle Handlungen auf das höchste Wohl für dich selbst und alle um dich herum auszurichten. Die Manipulation anderer Menschen, aus welchen Gründen auch immer, führt zu ernsthaften karmischen Konsequenzen in deinem eigenen Leben. *Bitte daher niemals darum, daß eine ganz bestimmte Person in dein Leben tritt.* Erlaube dem Universum vielmehr, deine Liebesbeziehungen zur richtigen Zeit und im richtigen Rhythmus zu erschaffen. Auf diese Weise wirst du

Sorgfältige Vorbereitungen sind wichtig für Rituale und Anrufungen.

in jedem Moment genau den Partner anziehen, der dir helfen kann, dich selbst mehr zu lieben.

Die rechte Zeit wählen

Uralter Tradition entsprechend sollen Liebesrituale und -anrufungen an einem Freitagabend während der Zeit des zunehmenden Mondes durchgeführt werden (denn Freitag ist der Tag der Venus). Rituale zum Loslassen alter Erinnerungen oder Beziehungen macht man dagegen an einem Freitagabend während des abnehmenden Mondes. Es ist nicht absolut notwendig, diese Zeiten einzuhalten, doch sie können deine Intention verstärken. Vertraue einfach auf deine innere Weisheit, die dir genau sagen wird, wann der richtige Zeitpunkt für dich gekommen ist.

Einen Altar einrichten

Ein Altar kann an jedem Platz aufgebaut werden, der sich für dich richtig anfühlt, sei es auf dem Boden oder auf einem Tisch. Manchmal wird empfohlen, ihn nach Norden auszurichten, in Richtung der Manifestation, oder nach Osten, in Richtung der aufgehenden Sonne. Doch das bleibt ganz dir überlassen. Räume die Fläche gründlich auf und lege eventuell ein schönes Tuch darüber. Ein Altar ist nicht unbedingt nötig, doch er hilft dir, dich zu sammeln und auf deine Absichten zu konzentrieren.

Die vier Richtungen und die vier Elemente

Immer schon wurden in der Magie die vier Himmelsrichtungen und die vier Elemente Erde, Luft, Feuer und Wasser einbezogen. Wenn du sie für dein Ritual anrufen möchtest, so stelle im Norden einige frische Blumen für die Erde auf, im Westen eine Schale mit klarem Wasser für das Element Wasser, im Süden eine brennende Kerze für das Element Feuer und im Osten brennendes Räucherwerk für das Element Luft.

Vorbereitung

Sorge dafür, daß du während des Rituals nicht gestört wirst, denn durch Unterbrechungen geht Energie verloren. Schalte also die Klingel aus und den Anrufbeantworter ein. Dann bereite den Raum vor, sorge für dämmriges Licht und vielleicht eine sanfte Hintergrundmusik. Entspanne dich und komme innerlich zur Ruhe. Führe eines der vorgeschlagenen Rituale entsprechend der Anleitung aus oder verändere es nach deinen Bedürfnissen. Wenn du möchtest, kannst du jetzt zur Unterstützung und Anregung auch eine der Karten ziehen.

Vielleicht möchtest du eine Weile summen oder ein Mantra singen. Wenn ihr zu mehreren seid, dann haltet euch an den Händen und laßt die Energie in eurem Kreis sich aufbauen. Stellt euch vor, daß die Energie zu einer goldenen Lichtkugel wird, und laßt sie nach oben ins Universum schweben, wo sie zu einer heilenden Kraft für die Erde wird. Vielleicht möchtest du auch eine Weile ganz ruhig bleiben und nur den Duft des Räucherwerks und die friedvolle Atmosphäre rund um dich herum genießen.

Vollendung

Wenn du das Gefühl hast, daß alles abgeschlossen ist, nimm dir einige Augenblicke Zeit, um deinen Schutzengeln sowie den göttlichen Energien der vier Elemente und der vier Himmelsrichtungen zu danken. Bedanke dich dabei auch für die Energie und Liebe, die du erhalten hast. Du kannst nun deinen Altar wieder abbauen, doch es ist wichtig, daß du verwendete Kerzen völlig abbrennen läßt. Stell sie also an einen sicheren Platz, wo sie in Ruhe brennen können.

Führe dieses Ritual an einem Freitagabend während des zunehmenden Mondes durch. Reibe sechs rosafarbene Kerzen mit sechs Tropfen Rosengeranienöl ein und stelle sie kreisförmig auf deinem Altar auf. Lege als eine Gabe an Aphrodite einige frische Basilikumblättchen in eine Schale mit Wasser. Zünde die Kerzen und dazu vielleicht eine Räuchermischung aus Rosmarin, Salbei und Nelken an. Während du dies tust, wiederhole dreimal die folgende Anrufung:

Ein Liebeszauber sollte niemals auf eine bestimmte Person ausgerichtet sein, sondern auf die Eigenschaften, die du dir wünschst.

Liebe, ich heiße dich kommen.
Komm zu mir mit dem zunehmenden Mond.
So sei es.

Schreibe mit blauer Tinte alle Eigenschaften nieder, die du dir bei deinem Partner wünschst. Nimm dir dafür soviel Zeit wie nötig. Wenn du fertig bist, falte das Papier und lege es zuunterst in einen Topf mit frischem Basilikum. Stelle den Topf möglichst in die hintere rechte Ecke deiner Wohnung (im Verhältnis zum Eingang), denn dies ist der Bereich der Beziehungen. Oder gib der Pflanze einen sonnigen Fensterplatz, wo sie gut wachsen und gedeihen kann. Laß alle Kerzen vollständig niederbrennen. Schütte das Wasser mit den Basilikumblättchen sowie die Asche des Räucherwerks im Freien auf die Erde. Danke dabei der Göttin, daß sie deine Sehnsucht nach Liebe bezeugt hat.

Kümmere dich um deine Liebespflanze, als wäre es deine Beziehung. So wie sie wächst und gedeiht, wird auch deine Liebe gedeihen.

Führe dieses Dankritual in einer Vollmondnacht durch. Nimm einige frische Rosenblätter und verteile sie in einer Schale mit Wasser. Reibe zwei weiße Kerzen mit jeweils drei Tropfen Zimtöl ein und zünde sie an.

Halte einen Rosenquarz in deiner linken Hand und konzentriere in ihm all deine Gefühle der Dankbarkeit. Rufe dabei deine inneren Führer und Schutzengel an.

Sobald du zu einem Abschluß gekommen bist, lege den Rosenquarz in die Schale und laß sie bis zum nächsten Vollmond stehen. Schicke ihr während dieser Zeit so viel Energie, wie du möchtest. Dann vergrabe den Rosenquarz mit den Rosenblättern am Fuße eines Apfelbaums. Bedanke dich bei deinen Führern und Schutzengeln für alles Glück in deinem Leben.

Dieses Ritual wird am besten während des abnehmenden Mondes an einem beliebigen Tag der Woche durchgeführt.

Zünde eine blaue Kerze und etwas Räucherwerk an. Schließe deine Augen und stelle dir vor deinem inneren Auge die Person vor, die du loslassen möchtest. Lege in deiner Vorstellung deine Hand auf ihr Herz und teile ihr mit, daß du bereit bist, sie in Liebe und Frieden gehen zu lassen. Bitte ihre Führer und Engel, sie zu ihrem höchsten Besten zu führen. Sieh sie gehen, und wenn es jetzt noch Bande zwischen euch zu lösen gibt, dann schneide sie durch. Umhülle dich mit weißem Licht, um deine Trennung endgültig zu vollziehen. Öffne deine Augen und schreibe den Namen der anderen Person auf ein Stück Papier. Schreibe alle Gefühle dazu, die in dir auftauchen. Sobald du damit fertig bist, entzünde das Papier an der Flamme und sprich dabei folgende Anrufung:

(Name)
Ich lasse dich los in Liebe.
Ich lasse dich gehen
in Frieden.
So sei es.

Vergrabe die Asche und den Kerzenrest in der Erde oder wirf sie in fließendes Wasser und sprich dabei dieselbe Anrufung. Du kannst dieses Ritual so oft wiederholen, bis du das Gefühl hast, daß alle Verstrickungen zwischen euch wirklich gelöst sind.

Rufe die Engel des Menschen, den du loslassen möchtest. Sie werden ihn in Liebe mit sich nehmen.

Dieses Ritual sollte möglichst an einem Neumond durchgeführt werden, der auf einen Samstag fällt. Zünde eine weiße Kerze an, die du mit sieben Tropfen Rosengeranienöl einreiben kannst. Du kannst auch etwas Weihrauch oder anderes Räucherwerk anzünden, um dein Bewußtsein stärker zu öffnen.

Nimm dir Zeit, um darüber nachzudenken, was du von diesem Augenblick an in deinem Leben erschaffen möchtest. Du kannst eine Kollage machen, indem du Fotos und Stichworte aus Zeitschriften ausschneidest und zusammenstellst. Oder du malst ein Bild oder schreibst alles auf, wonach du dich sehnst. Nimm dir dafür ausreichend Zeit, denn du gibst deinem Wunsch um so mehr Kraft, je stärker du dich darauf konzentrierst. Stelle das Ergebnis deiner Arbeit an einen Platz, wo es dich ständig an deine Sehnsucht erinnern kann. Dies ist auch ein guter Zeitpunkt, um alte Kleidung, Briefe oder Erinnerungsstücke auszusortieren, die nicht zu der Vision deines neuen Lebens passen.

Du kannst als Symbol deines neuen Lebens auch Samen aussäen. Während sie langsam keimen und heranwachsen, kümmere dich mit soviel Liebe um sie, wie du dir in deinem eigenen Leben wünschst.

Das junge Grün der Pflanzen,
die du ausgesät hast,
symbolisiert den neuen Anfang,
den dieses Ritual schaffen kann.

Durch die Jahrhunderte hindurch wurden immer schon verschiedene Liebeszauber eingesetzt. Sie ermöglichen eine positive Konzentration auf das, was man in seinem Leben gerne verwirklichen möchte.

Die Magie der Dreizehn und der Vier

Diesem Buch liegen dreizehn Liebeszauber-Karten bei. Die Zahl Dreizehn symbolisiert die dreizehn Monde des heidnischen Kalenders. Sie wird mit dem Buchstaben M in Verbindung gebracht. Dieser Buchstabe verbindet das männliche und weibliche Element und verwurzelt beide sicher auf der physischen Ebene. In der Numerologie wird aus der Dreizehn die Vier (eins plus drei). Vier ist die Zahl der Erde und wird symbolisiert durch das göttliche Quadrat, das dem Leben Form gibt. Die Vier steht deshalb für Struktur und Disziplin auf der physischen Ebene. Liebe braucht diese Qualitäten, um sich entwickeln und wachsen zu können.

Disziplin und Geduld

Um wirklich lieben zu können, müssen wir Disziplin lernen. Wir müssen unsere alten, zerstörerischen Verhaltensmuster hinter uns lassen und uns der Heilung unseres Herzens widmen. Die goldene Regel der Liebe besagt, daß wir uns innerlich für sie öffnen müssen. Wenn deine Seele bereit dafür ist, kann nichts mehr die Liebe fernhalten. Also versuche nicht, etwas herbeizuzwingen, nur weil du einsam bist, denn vielleicht braucht deine Seele noch Zeit für weitere Heilung.

Leitsätze und Anrufungen

Die Bilder der dreizehn Liebeszauber-Karten bedienen sich aller Elemente unserer Welt, die für die Magie eingesetzt werden können. Jede Karte enthält einen »Leitsatz«, der dir zeigt, wie du die Liebe in deinem Leben stärken und ausbauen kannst. Die anschließende Interpretation weist dich auf Blockaden hin, die du auflösen mußt, um zu deiner wahren Bestimmung zu gelangen. Schließlich folgt eine »magische Anrufung«, die du so oft wie möglich aussprechen solltest, um dich mit ihren positiven, liebevollen Schwingungen zu stärken.

Die Verwendung der Karten

Es gibt zwei Methoden, die Liebeszauber-Karten zu verwenden: zur Wahrsagung und zur direkten Auswahl. Zum Wahrsagen lege sie mit dem Bild nach unten aus. Nimm dir etwas Zeit und bitte dein höheres Selbst um Führung, bevor du eine Karte auswählst. Sie repräsentiert deine momentanen unbewußten Einstellungen zum Thema Liebe. Nimm dir Zeit, das Bild genau zu betrachten sowie deine Gedanken

Die von dir gewählte Karte spiegelt deine gegenwärtige Einstellung zur Liebe wider.

und Gefühle dazu wahrzunehmen.

Zur direkten Auswahl lege die Karten mit dem Bild nach oben aus, bitte wiederum dein höheres Selbst um Führung und wähle die Karte, die dich am meisten anspricht.

Die Magie der Liebe

Lege die ausgewählte Karte in die Mitte deines Altars. Du kannst nun entweder die Interpretation im Buch nachlesen oder deine eigene Deutung finden. Wenn du die Interpretation im Buch liest, beobachte deine Reaktion. Widerstände können darauf hindeuten, daß du dein Ego überwinden mußt, um mit ihr zu arbeiten. Denke daran, du selbst hast sie ausgewählt!

Laß die Karte während der nächsten drei Tage auf deinem Altar liegen und wiederhole die magische Anrufung, sooft du dich daran erinnerst. Lege die Karte am dritten Abend zurück in den Stoß. Deine Karte wird vielleicht auch durch Träume oder seltsame Zufälle auf ungewöhnliche Weise mit dir kommunizieren. Achte auf alles, was geschieht, und genieße es, denn dies ist die Magie der Liebe.

Auf der Suche nach dem Heiligen Gral

Die Suche nach Liebe mag schwierig sein, doch der Lohn wiegt alle Zweifel und Mühen auf. Diese Suche beginnt immer in unserem eigenen Herzen, denn nur hier finden wir den goldenen Schlüssel, den Heiligen Gral, das Elixier des Lebens.

Ich hoffe, die Liebeszauber-Karten helfen dir auf deinem Weg, indem sie dir als Spiegel deines Unbewußten dienen. Und ich wünsche dir Gottes Segen auf deiner Reise.

FÜHRUNG AUS DEM REICH DER GÖTTER: IN DEN PROZESS DER LIEBE VERTRAUEN

Aphrodite, Göttin der Liebe! Wenn du diese Karte gezogen hast, liegt dir die Welt zu Füßen. Denn die Karte zeigt, daß du nun die Kraft hast, deine Träume zu verwirklichen. Du kannst alles erreichen, was du möchtest, vorausgesetzt, daß es zu deinem Besten und zum Besten aller Menschen um dich herum geschieht.

Die Karte von Aphrodite ist auch ein Omen wahrer Liebe. Freue dich, denn die meisten Menschen müssen jahrelang warten, bis sie diese finden können. Wahre Liebe entzieht sich uns oft, weil wir uns erst durch schmerzhaftes Karma hindurcharbeiten müssen, um unser Herz zu heilen und vergeben zu lernen. Wieder und wieder finden wir uns in schwierigen, abhängigen und enttäuschenden Beziehungen. Sobald wir erkennen, was wir uns selbst damit zufügen, können wir dieses Muster loslassen. Aphrodite wartet und sieht zu, und sobald wir den Prozeß abgeschlossen haben, schenkt sie uns den süßesten aller Äpfel. Dies ist das Geschenk der Götter und Göttinnen.

Sobald wir uns innerlich befreit haben, können wir eine Beziehung eingehen, die auf gegenseitiger Achtung, freundschaftlicher Verbundenheit, bedingungsloser Annahme und Vertrauen aufgebaut ist. Von nun an ist unser Weg mit Gold und Edelsteinen gepflastert. Erkenne dich also selbst an – du hast den Weg eröffnet für die Liebe, die nun an dein Tor klopft. Aphrodite wird dir helfen, freudig in die Arme der wahren Liebe zu sinken.

Die Karte von
Aphrodite, der
Göttin der Liebe

Wenn Aphrodite
in dein Leben
tritt, wirst du
bald der wahren
Liebe begegnen.

Sobald du zerstöre-
rische Beziehungen
zu erkennen
vermagst, kannst
du dich selbst heilen.

APHRODITE • MACHT

FÜHRUNG AUS DEM REICH DER GÖTTER:
IN DEN PROZESS DER LIEBE VERTRAUEN

MAGISCHE ANRUFUNG

✳ ✳ ✳ ✳ ✳ ✳ ✳ ✳ ✳ ✳

Ich ergebe mich willig der Macht
der wahren Liebe. Ich öffne mich dafür,
ihren Segen zu empfangen.

Wenn die Sonne das Zeichen der Waage betritt, ist die Zeit der Herbst-Tag-undnachtgleiche gekommen. Die Stunden von Tag und Nacht sind gleich an Zahl und in vollkommener Ausgewogenheit. Waage, das siebte Zeichen des Tierkreises, herrscht über das Haus von Partnerschaft und Ehe. Es wird symbolisiert durch die Waage der Gerechtigkeit und Ausgewogenheit und die Taube des Friedens.

Wenn du die Karte der Waage gewählt hast, geht die Sehnsucht deines Herzens dahin, Harmonie und Gleichgewicht in deinem Leben wiederherzustellen. Dies ist eine wunderbare Gelegenheit, alle Beziehungen in deinem Leben genau zu prüfen. Kannst du zulassen, daß sie dich nähren und unterstützen, oder stellst du dich ständig ohne Rücksicht auf deine eigenen Bedürfnisse anderen Menschen zur Verfügung? Wenn das Gleichgewicht in den Beziehungen zu anderen verlorengeht, entstehen bald Gefühle von Groll, Ärger und Ablehnung.

Die Karte der Waage zeigt, daß es jetzt an der Zeit ist, nicht mehr den emotionalen Mülleimer für alle und jeden zu spielen. Denke daran: Eine erleuchtete Seele weiß genauso zu empfangen wie zu geben. Lade die friedvolle, ausgleichende Energie der Waage in dein Herz ein, um alle Beziehungen in diesem Licht zu überprüfen. Dies gibt dir den Mut, sanft, aber fest »nein« zu sagen, wenn du Zeit für dich selbst benötigst. Öffne deine Hände für die Gaben des Lebens, die zu dir kommen wollen.

Waage, die Karte der Ausgewogenheit und Harmonie

WAAGE • AUSGEWOGENHEIT

FÜHRUNG AUS DEM REICH
DER STERNE: GRENZEN SETZEN

Betrachte all deine Beziehungen und prüfe, wie ausgewogen sie sind.

Nimm dir Zeit, Harmonie und Gleichgewicht in deinem Leben zu schaffen.

MAGISCHE ANRUFUNG

❋ ❋ ❋ ❋ ❋ ❋ ❋ ❋ ❋ ❋

Ich rufe die Kraft der Waage an, mir Gleichgewicht und Harmonie in all meinen Beziehungen zu schenken. Ich öffne mich dafür, in dem Maß zu empfangen, in dem ich gebe.

KARTE 3
VENUS ✳ GÖTTLICHE LIEBE
FÜHRUNG AUS DEM REICH DER PLANETEN: ALTE MUSTER AUFLÖSEN

Der Planet Venus ist der helle Morgenstern und der frühe Abendstern, den man an manchen Tagen am Himmel sehen kann. Er wurde benannt nach der römischen Göttin der Liebe, weil es heißt, daß seine Energie die Libido anregt, wenn er in den frühen Morgenstunden erscheint. Die Venus wird symbolisiert durch den Kreis, der sich über das Quadrat der irdischen Kräfte erhebt und die Seele durch göttliche Liebe heilt.

Wenn du die Karte der Venus gezogen hast, kann es sein, daß sich bei dir ein gewisser Zynismus eingeschlichen hat. Vielleicht verwechselst du sexuelle Beziehungen mit Liebe? Oder du gerätst immer wieder in Dreiecksbeziehungen, machst die Erfahrung unerwiderter Liebe oder wirst verlassen.

Die Wahrheit ist, daß du dein Herz verschlossen hast. Alle Beziehungen sind nur ein Spiegel, der dir deinen inneren Zustand zeigt. Nun ist die beste Gelegenheit gekommen, deine Heilung in Angriff zu nehmen, negative Beziehungsmuster zu erkennen und zu lernen, sie loszulassen. Sobald du die Verantwortung für dein Handeln übernimmst, wird dein Selbstwertgefühl wachsen, dein Herz wird sich öffnen, und deine Beziehungen werden sich zum Besseren wenden.

Die Bahn der Venus am Himmel zeigt uns, daß uns die Liebe niemals verläßt, sondern immer wieder von neuem auftaucht. Bitte die Energie der Venus, dein Herz zu erleuchten. Sie wird dir den Weg weisen.

VENUS • GÖTTLICHE LIEBE

Der Planet Venus ist nach der römischen Göttin der Liebe benannt.

Diese Karte weist darauf hin, daß sexuelle Anziehung mit wahrer Liebe verwechselt wird.

Wenn du dein Herz öffnest, bekommen deine Beziehungen eine neue Qualität.

FÜHRUNG AUS DEM REICH DER PLANETEN: ALTE MUSTER AUFLÖSEN

MAGISCHE ANRUFUNG

✳ ✳ ✳ ✳ ✳ ✳ ✳ ✳ ✳ ✳ ✳

Ich rufe die Kraft der Venus an, mir den Weg zur göttlichen Liebe zu weisen. Ich öffne mein Herz für ihre strahlende Kraft.

FÜHRUNG AUS DEM REICH DES GEISTES: DIE EIGENE WAHRHEIT AUSSPRECHEN

Der Kelch symbolisiert den Heiligen Gral, den König Artus und seine Ritter so verzweifelt im ganzen Land gesucht haben. Wenn du die Karte des Kelchs gezogen hast, ist es an der Zeit, den Gral tief im eigenen Herzen zu entdecken. Denn dies ist der wahre Ort, an dem das heilige Gefäß zu finden ist. Der Gral bringt allen wahren Suchenden, die nach Wahrheit und Tugend streben, Ruhe und Frieden.

Es ist nun an der Zeit, ins eigene Herz zu blicken und zu hören, was es zu sagen hat. Möglicherweise gibt es eine Situation in deinem Leben, die unklar und verschwommen ist. Vielleicht vermeidest du es auch, die Wahrheit in bezug auf eine bestimmte Beziehung zu sehen. Wie auch immer die Umstände sein mögen, es ist jetzt wichtig, das Herz für die eigene innere Weisheit zu öffnen.

Sobald du die Wahrheit anerkannt hast, kannst du einen weiteren Schritt zur Ganzheit unternehmen. Ganzheit ist der Zustand, nach dem sich unsere Seele am meisten sehnt. Jede unserer Beziehungen ermöglicht uns einen Schritt in diese Richtung, denn sie zeigt uns wie in einem Spiegel, wer wir wirklich sind. Weil dabei unsere Schwächen ebenso wie unsere Stärken zum Vorschein kommen, kann es sehr schmerzhaft sein – so lange, bis wir die Verantwortung für uns übernehmen.

Danke dem Kelch dafür, daß er sich dir gezeigt hat. Werde eins mit seiner Energie. Die Wahrheit ist der einzige Weg zu unserem inneren Gral.

DER KELCH • GANZHEIT

Der Kelch, die Karte von Artus' Heiligem Gral

All diejenigen, die den Gral in sich selbst suchen, werden Ganzheit erlangen.

Erkenne die Wahrheit in deinen Beziehungen, wie schmerzhaft sie auch sein mag, und schreite mutig voran.

FÜHRUNG AUS DEM REICH DES GEISTES:
DIE EIGENE WAHRHEIT AUSSPRECHEN

MAGISCHE ANRUFUNG

❀ ❀ ❀ ❀ ❀ ❀ ❀ ❀ ❀ ❀ ❀

Ich vertraue darauf, daß der Kelch in meinem Herzen alles enthält, was ich brauche, um dem Pfad der Wahrheit zu folgen. Meine innere Wahrheit ist der Schlüssel zu meiner Ganzheit.

Die Seele ist ständig auf der Suche nach Frieden. Frieden erlaubt uns, die Schönheit der Erde zu genießen: das Singen der Vögel, das Summen der Bienen, das Rauschen des Windes in den Bäumen. Er ermöglicht uns, die anstrengenden Kämpfe unseres Egos hinter uns zu lassen, und zeigt uns den Weg aus Verblendung und Illusion.

Wenn du die Karte des Friedens gezogen hast, ist es nun an der Zeit, dir eine Pause zu gönnen. Allzuoft glauben wir, daß wir im Äußeren nach dem suchen müssen, was wir uns wünschen. In Wahrheit ziehen verzweifelt suchende Menschen nur andere Verzweifelte an. Dadurch entstehen unvermeidliche Enttäuschungen und gebrochene Herzen. Das Universum schenkt uns alles, was wir brauchen. Manchmal sind Beziehungen nicht gut für uns, weil unsere Seele erst lernen muß, allein zu sein. Wenn wir dagegen ankämpfen, führt dies nur zu noch mehr Einsamkeit, Verzweiflung und Enttäuschung. Wir können keine Beziehung eingehen, wenn unsere Seele nicht bereit dafür ist.

Dies ist der richtige Augenblick, sich nach innen zu wenden und Frieden zu finden. Gib dich dem Willen des Himmels hin, und er wird zu deinem werden. Frieden ist der höchste Preis für uns alle. Hör also auf zu suchen und beginne zu finden. Das ist anfangs oft schwierig. Süchtiges Verhalten läßt sich nicht leicht überwinden. Doch schon nach kurzer Zeit wird dies zu positiven Veränderungen in deinem Leben und in deinen Beziehungen führen.

BETENDE HÄNDE • FRIEDEN

Suche nach innerem Frieden durch das Gebet.

Genieße die Schönheit der Erde, die uns umgibt.

Entrinne dem Labyrinth verzweifelten Suchens.

FÜHRUNG AUS DEM REICH DES VERSTANDES: DIE SUCHE BEENDEN

MAGISCHE ANRUFUNG

Ich öffne mein Herz für Frieden und tiefes Verstehen. Ich gebe mich den wahren Bedürfnissen meiner Seele hin.

Wenn du die Karte der Wunde gewählt hast, solltest du dir die Zeit nehmen, ihre Bedeutung in all ihren Einzelheiten zu erfassen.

Dein gebrochenes Herz bittet dich darum, all deine vergangenen Beziehungen bis zurück in die Kindheit zu betrachten. Während der ersten Jahre erleiden wir meist tiefe Wunden, die uns ein Gefühl der Unzulänglichkeit und Minderwertigkeit geben. Sie führen uns in Isolation und Einsamkeit, und oft ist das Leben danach nur ein Überleben. Wir übernehmen negative Verhaltensmuster, die all unsere Beziehungen prägen. Der einzige Weg zur Freiheit besteht darin, Verantwortung für unsere Wunde zu übernehmen. Sonst ziehen wir ständig nur Menschen an, die ebenso verwundet und selbstzerstörerisch sind wie wir selbst.

Es ist nun an der Zeit, diese Wunde zu heilen. Schreibe einen Brief an dich selbst über deine Kindheit und alle wichtigen Beziehungen (positiver und negativer Art), die du bisher angezogen hast. Achte auf die Verhaltensmuster, die sich in all den unterschiedlichen Beziehungen deines Lebens immer wiederholt haben. Erlaube deinem gebrochenen Herzen, seine Wahrheit auszusprechen. Erforsche die Gefühle, die dabei auftauchen; vielleicht magst du sie auch aufmalen. Sei sanft und geduldig mit dir selbst. Ein verwundetes Herz braucht Zeit zum Heilen – und vielleicht benötigst du dafür auch einen erfahrenen Begleiter oder Therapeuten.

Die Karte des gebrochenen Herzens zeigt, daß du dich um dich selbst kümmern mußt.

DAS GEBROCHENE HERZ • DIE WUNDE

Der Weg zur Heilung besteht darin, Verantwortung für dich selbst zu übernehmen.

Ein verwundetes Herz läßt sich durch die Erforschung der Vergangenheit heilen.

FÜHRUNG AUS DEM REICH DER GEFÜHLE:
DIE EIGENE WUNDE ANNEHMEN

MAGISCHE ANRUFUNG

❋ ❋ ❋ ❋ ❋ ❋ ❋ ❋ ❋

Von diesem Tag an ziehe ich Menschen an, die
mir liebevoll und auf sanfte Weise helfen, die
Wunde meines gebrochenen Herzens zu heilen.

Der Körper ist der Tempel des Geistes während seiner Inkarnation auf dieser Erde. Niemand von uns kann auf der physischen Ebene ohne ihn existieren. Unser Körper ist unbezahlbar, denn er ermöglicht es uns, unsere Wünsche und Ideen auszuleben, unser Herz durch Tränen des Schmerzes und der Trauer zu erleichtern, jemanden behutsam an der Hand zu nehmen oder einen sinnlichen Kuß zu empfangen.

Wenn du die Karte des Körpers gezogen hast, ist es an der Zeit, dich ausgiebig deinem Körper zu widmen, denn er ist dein Aushängeschild für die Welt. Selbstwertgefühl entsteht, wenn du deinen Körper liebst – mit seinen paar extra Pfunden, mit den Falten rund um die Augen, mit all seinen Schwächen und Macken. Du bist ein wundervolles Wesen, und es ist an der Zeit, hervorzutreten und dich zu zeigen! Solange wir unseren Körper und seine äußere Erscheinung nicht akzeptieren, können wir andere nicht nahe genug an uns herankommen lassen, um uns zu lieben.

Nimm dir in den nächsten paar Tagen immer wieder einige Augenblicke Zeit, um deinem Körper für alles zu danken, was er für dich tut. Dann wird dein Körper dir von sich aus mitteilen, was er braucht, damit du dich wohl in ihm fühlst. Gib ihm regelmäßig Bewegung und achte auf deine Ernährung. Dann wird dein Körper dir auch in Zukunft gut dienen. Erlaube deinem Geist, durch deinen Körper hindurch zu scheinen, und du wirst Menschen anziehen, die dich wahrhaft bewundern und schätzen.

FÜHRUNG AUS DEM REICH DER PHYSIS:
DEN KÖRPER ANERKENNEN

Die Karte des Körpers erinnert uns daran, wie kostbar unser Körper ist.

Der Körper beherbergt unseren Geist während seines Aufenthalts hier auf Erden.

Lerne für deinen Körper zu sorgen, und er wird dir immer gut dienen.

MAGISCHE ANRUFUNG

✴ ✴ ✴ ✴ ✴ ✴ ✴ ✴ ✴ ✴

Ich schätze meinen Körper und akzeptiere ihn
liebevoll als das kostbarste Geschenk meines
Lebens. Er ist der vollkommene Träger für das
Licht meines Geistes, das durch ihn scheint.

Wenn du die Karte des Delphins gezogen hast, ist es an der Zeit, loszulassen. Diese Karte deutet darauf hin, daß dein Bedürfnis nach Kontrolle die Spontaneität wahrer Liebe in deinen Beziehungen zerstört – das Leben ist viel zu ernsthaft geworden. Wir stellen Bedingungen an unsere Beziehungen, weil wir Angst davor haben, etwas zu verlieren. Doch Liebe läßt sich von nichts und niemandem festhalten. Ihre Rolle ist es, die Menschen zusammenzubringen, so daß sie bestimmte Lektionen voneinander lernen können, die es ihnen ermöglichen, mehr Verständnis und Mitgefühl zu entwickeln. Wer weiß schon genau, wie lange eine Beziehung dauern wird? Denn die Liebe existiert nach ihren eigenen Regeln, die niemand kontrollieren oder manipulieren kann. Falls es eure Bestimmung ist, zusammenzusein, kann nichts euch trennen. Falls nicht, wird sich die Beziehung so schnell auflösen, wie sie entstanden ist. Also entspanne dich. Vergiß die Zukunft – wie der Delphin.

Schreite vorwärts. Gehe Risiken ein und genieße das Leben. Wirf deine Sorgen und Bedenken in den Wind. Tanze den Tanz der Liebe, so frei wie ein Delphin, der mit seinen Gefährten spielerisch durch den Ozean schwimmt. Rufe den Geist dieser wundersamen Tiere, um deine eigene Magie zu finden. Laß zu, daß sie dein Herz mit spielerischer Spontaneität erfüllen, mit der reinen Freude am Lebendigsein. Erlaube dir, im Fluß zu sein. Durch Liebe können wir niemals verlieren.

DER DELPHIN • SPIEL

Die Delphin-Karte schenkt Freiheit und Freude.

Der spielerische Geist der Delphine kann dich befreien.

Delphine sorgen sich nicht um die Zukunft – warum sollten wir es tun?

FÜHRUNG AUS DEM REICH
DER TIERE: SPASS HABEN

MAGISCHE ANRUFUNG

✳ ✳ ✳ ✳ ✳ ✳ ✳ ✳ ✳ ✳

Ich rufe den magischen Geist der Delphine,
mir meinen Weg hin zur Liebe durch Freude,
Lachen und Spiel zu zeigen.

Der Anblick ihrer samtigen Schönheit und der wundervolle Duft der Rose erfüllen uns mit Freude und Frieden. Doch wenn wir nach ihr greifen, realisieren wir auch den Schmerz, den ihre Dornen uns zufügen können. Die Rose ist ein Symbol für die Liebe, die aus schönen wie aus schmerzhaften Begegnungen besteht. Ohne dieses Gleichgewicht könnten wir das, was wir haben, nicht schätzen.

Wenn du die Karte der Rose gezogen hast, nimm dir etwas Zeit, um die Zartheit der Liebe zu spüren, ihre schönen Augenblicke und wundervollen Gefühle. Manchmal vergessen wir im Trubel und in der Hektik der modernen Welt, was wir haben. Doch wenn Liebe nicht gepflegt wird, kann sie schnell verwelken. Was uns dann bleibt, sind nur ein paar dürre Blütenblätter, die im Wind verwehen.

Das Leben ist voller Schwierigkeiten und Herausforderungen, doch ohne sie würden wir nicht wachsen und reifen. Die Liebe verläßt uns niemals, auch wenn es uns so erscheinen mag. Es ist jetzt an der Zeit, innerlich den Menschen zu danken, die dich unterstützt und genährt haben, aber auch denen, die dir Schmerz zugefügt haben. Denn gerade diese sind immer unsere größten Lehrer.

Sei dir gewiß, die Liebe ist immer für dich da. Also geh und suche dir eine Rose im Garten oder kaufe dir einen Strauß. Nimm dir Zeit, ihre Magie zu betrachten und zu ehren, denn dies ist die Magie deiner eigenen Liebe.

DIE ROSE • WERTSCHÄTZUNG

Die Rose symbolisiert die Lektionen der Liebe.

Liebe muß gepflegt werden, um zu erblühen.

Wir erleben Schwierigkeiten, um die guten Zeiten schätzenzulernen.

FÜHRUNG AUS DEM REICH DER PFLANZEN: DIE LIEBE WERTSCHÄTZEN

MAGISCHE ANRUFUNG

✤ ✤ ✤ ✤ ✤ ✤ ✤ ✤

Dankbar akzeptiere und schätze ich
alle Lektionen der Liebe,
denen ich in meinem Leben
bisher begegnet bin.

APFELBLÜTEN ✳ SELBSTWERT

FÜHRUNG AUS DEM REICH DER BÄUME: DEN EIGENEN WERT ERKENNEN

Manchmal fürchten wir uns so sehr, wenn die Liebe an unsere Tür klopft, daß wir unfähig sind zu öffnen. Furcht ist der größte Feind der Liebe, denn sie verschließt unser Herz und läßt uns in die entgegengesetzte Richtung laufen. Solches Verhalten bringt unnötige Verwirrung und zusätzlichen Schmerz mit sich.

Wenn du die Karte der Apfelblüten gezogen hast, ist es an der Zeit, Mut zu fassen. Denke an den wundersamen Zyklus des Apfelbaums. Im Frühling erfüllen die Schönheit und der Duft seiner Blüten die Luft. Doch die Blüten weichen schließlich, um Platz zu machen für das nächste Wunder – die Früchte, die später im Jahr zu einer üppigen Ernte heranreifen. Auch die Liebe braucht Zeit zum Blühen und Reifen. Wir lernen durch unsere Fehler, und durch diese Begegnungen können wir unsere Angst vor der Liebe überwinden, die einem geringen Selbstwertgefühl entspringt.

Die Apfelblüten wollen dir sagen, daß du durchaus einen großen Biß vom saftigen Apfel der Liebe nehmen darfst. Fürchte dich nicht, denn hier gibt es keinen verfaulten Kern und keine dicken Maden. Dies ist ein Apfel voll süßer Frische. Verschließe dich nicht aus Angst vor dem, was die Liebe dir schenken will. Es ist an der Zeit, die Ernte deines Lebens einzubringen. Erkenne die Ängste und Begrenzungen an, die du dir selbst auferlegt hast, und dann laß sie los, so wie der Apfelbaum seine Blütenblätter fallen läßt. Was übrig bleibt, sind die süßen Früchte deiner Mühen.

APFELBLÜTEN • SELBSTWERT

FÜHRUNG AUS DEM REICH DER BÄUME:
DEN EIGENEN WERT ERKENNEN

Die Karte der
Apfelblüten lehrt
den Zyklus der Liebe.

So wie Blüten sich in
Früchte verwandeln,
braucht auch die Liebe
Zeit zum Reifen.

Erkenne deine
Ängste an und
lasse sie los.

MAGISCHE ANRUFUNG

✸ ✸ ✸ ✸ ✸ ✸ ✸

Ich lasse meine Ängste vor der Liebe
jetzt los. Ich erlaube mir, die üppige Ernte
der Liebe einzubringen.

Die Steinwesen, wie die nordamerikanischen Indianer das Mineralreich nennen, waren ein Teil der Erde, schon lange bevor die Menschen auftauchten. Steine und Kristalle besitzen die uralte Weisheit der Natur und schenken uns ständig ihre Unterstützung, von der Oberfläche bis zum innersten Kern der Erde.

Wenn du die Karte des Rosenquarzes gezogen hast, sei dir bewußt, daß die Steinwesen dich in all deinen Bedürfnissen unterstützen. Einsamkeit ist eine der schwersten Prüfungen für Menschen, doch wenn du einen Rosenquarz in der Hand hältst, wird er dir rasch Trost schenken. Die sanfte rosa Farbe und die glatte Oberfläche schwingen mit der Energie des Herzzentrums und schicken dir Liebe und Mitgefühl.

Rosenquarz nährt unseren Geist und läßt die Dunkelheit dahinschmelzen. Wenn du dich also fühlst, als seist du auf einer einsamen Insel gefangen, lege einen dieser wundervollen Steine unter dein Kopfkissen. Während du schläfst, wird er sein Wunder wirken. Oder stecke ihn in deine Tasche und nimm ihn öfter im Laufe des Tages in die Hand: Er wird dir die Stärke und Unterstützung geben, die du brauchst.

Schenke dir selbst einen dieser besonderen Steine. Doch erinnere dich immer daran, daß die Steine und Kristalle sich selbst aussuchen, bei wem sie sein möchten. Sei dir bewußt, daß der richtige Stein sich dir schon zeigen wird. Deine äußere Umgebung wird mit Freude auf seine Energien reagieren, und ebenso dein Inneres.

ROSENQUARZ • UNTERSTÜTZUNG

FÜHRUNG AUS DEM REICH DER STEINE:
HILFE ANNEHMEN

Die Karte des
Rosenquarzes schenkt
Unterstützung durch
die Steinwesen.

Laß dich in deiner
Einsamkeit von
diesem Stein nähren
und stärken.

Die Farbe und
Struktur von
Rosenquarz strahlt
Liebe aus.

MAGISCHE ANRUFUNG

✳ ✳ ✳ ✳ ✳ ✳ ✳ ✳ ✳ ✳ ✳

Ich lasse die Energien des Rosenquarzes
mein Herz nähren und stärken.
Ich öffne mich für die Unterstützung
durch das Universum.

FÜHRUNG AUS DEM MYSTISCHEN REICH: DEM EIGENEN TRAUM FOLGEN

Ist dir bewußt, daß du das Ergebnis einer langen Reihe von Menschen bist, die weit in die Geschichte zurückreicht? Nimm dir einen Augenblick Zeit, an deine Vorfahren zu denken, die vielleicht aus ganz unterschiedlichen Kulturen und Kontinenten zusammenkamen, um dich hervorzubringen. Wer weiß, wie oder wann der göttliche Plan mit deiner Schöpfung begann und wie er von dir aus weitergehen wird, denn wir alle werden irgendwann zu Ahnen!

Wenn du die Karte der Ahnen gezogen hast, solltest du dir Gedanken darüber machen, ob du vielleicht aufgerufen bist, die Muster deiner Familie zu durchbrechen. Dies ist eine karmische Verantwortung, die manche Seelen übernehmen, wenn sie den Mut haben, sich in einer bestimmten Familie zu inkarnieren und deren von Generation zu Generation übernommene restriktive Verhaltensmuster aufzulösen. Vielleicht willst du dich von familiären Verpflichtungen befreien, um dein eigenes Leben zu leben, oder neue Wege in Beziehungen erforschen, die Kritik oder Zurückweisung hervorrufen.

Fasse Mut. Deine Vorfahren schenken dir dennoch ihre Unterstützung. Sie wußten, was sie taten, als sie dich erschufen. Je mehr du dich selbst so annimmst, wie du bist, desto mehr ermöglichst du es damit deinen Ahnen, sich auf höhere astrale Ebenen zu begeben. Selbst wenn du auf der irdischen Ebene Kritik und Ablehnung erfährst, stehen deine Vorfahren allezeit hinter dir.

DIE AHNEN • MUT

Die Karte der Ahnen schenkt dir den Mut, vorwärts zu schreiten.

Sei dir der langen Reihe von Vorfahren bewußt, die dich erschufen.

Deine irdische Entwicklung ist direkt mit der deiner Vorfahren verbunden.

FÜHRUNG AUS DEM MYSTISCHEN
REICH: DEM EIGENEN TRAUM FOLGEN

MAGISCHE ANRUFUNG

✹ ✹ ✹ ✹ ✹ ✹ ✹ ✹ ✹ ✹ ✹

Ich danke meinen Ahnen, daß sie mir den Mut
geben, die zu lieben, die ich selbst mir erwähle.

Dies ist eine besondere Karte, denn sie symbolisiert das Tor zu deiner inneren Weisheit. Diese Weisheit ist dein Schutzengel. Blicke ins Leere der Karte und kläre deinen Geist von allen Gedanken. Rufe deinen Schutzengel und bitte ihn, sich dir zu zeigen. Nimm wahr, welche Form er vor deinem geistigen Auge annimmt.

Du kannst deinen Schutzengel alles fragen, was du wissen möchtest. Lausche auf die Antworten, die du erhältst. Du kannst auch um deine eigene magische Anrufung bitten. Schreibe sie in die leeren Zeilen auf der folgenden Seite. Dein Engel hat immer nur dein Bestes im Sinn. Eine Begegnung mit ihm schenkt unendlich viel Trost und Unterstützung, und dein Leben ist danach meist nicht mehr wie zuvor.

Die Schutzengel-Karte führt dich zu deiner eigenen inneren Weisheit.

Dein Schutzengel wird vor deinem geistigen Auge Gestalt annehmen.

Die Begegnung mit deinem Schutzengel kann dein Leben verwandeln.

DER SCHUTZENGEL • FÜHRUNG

FÜHRUNG AUS DEM REICH DER ENGEL: DER INNEREN STIMME VERTRAUEN

MAGISCHE ANRUFUNG

❋ ❋ ❋ ❋ ❋ ❋ ❋ ❋ ❋ ❋

....

....